# *César Millán*
## GUÍA PARA UN
## PERRO FELIZ

# César Millán
## Guía para un Perro Feliz

98 consejos y técnicas esenciales

**AGUILAR**

**AGUILAR** Título original: *Cesar Millan's Short Guide to a Happy Dog. 98 Essential Tips and Techniques*

© Copyright 2013 Cesar's Way, Inc. Todos los derechos reservados.
Edición original publicada por: National Geographic Society
1145 17th Street N.W., Washington, D.C., 20036

© Copyright de esta edición:
2013, Santillana USA Publishing Company, Inc. Todos los derechos reservados.
2023 N. W. 84th Ave.
Doral, FL, 33122
Teléfono: (305) 591-9522
Fax:       (305) 591-7473
www.prisaediciones.com

Primera edición: julio de 2013
ISBN: 978-0-88272-519-2

Impreso en el mes de junio en los talleres de HCI Printing

Traducción: Jesús Vega

Diseño de cubierta: Melissa Farris

Diagramacion en español: Grafika, LLC

© Fotografía de cubierta: Gilles Bensimon/Trunk Archive
© Fotografía de contra: Michael Reuter

Las técnicas que se presentan en este libro tienen una finalidad informativa solamente. Dado que cada situación es única, consulte con un experto canino profesional antes de poner en práctica la información contenida en esta obra. Tanto el autor como el editor declinan toda responsabilidad ante cualquier consecuencia negativa derivada del uso o aplicación de cualquiera de los contenidos del presente volumen.

*Dedico este libro a mis admiradores de todo el mundo. Sin su apoyo, no hubiera podido darle consejos a nadie. Por tanto, gracias a ellos por su mente abierta y, por supuesto, a sus perros por haber estado conmigo en las nueve temporadas pasadas de* El encantador de perros.

*También les dedico este libro a Jahira Dar y a Calvin Millán, por apoyarme y viajar conmigo por el mundo para que podamos seguir ayudando a los demás. Sin ustedes, mi manada estaría incompleta.*

*Gracias*

# Contenido

# AGRADECIMIENTOS

Quiero darle gracias a Dios por darme un don tan maravilloso para tratar con los perros. Quiero agradecerle a mi equipo, incluyendo a todos en Cesar Millan Inc., Dog Psychology Center, Cesar's Way, National Geographic Channel, Lisa Thomas y Hilary Black de National Geographic Books, así como a Tara King y a Millan Foundation por su constante entrega a la misión del rescate, rehabilitación y adopción de perros. Un agradecimiento especial a Jon Bastian y Bob Aniello por ayudarme a crear este libro; y a Amy Briggs, quién dedicó noches y fines de semana a la edición de estas palabras.

Si bien los últimos nueve años han sido magníficos, espero con optimismo el futuro y quiero expresar mi agradecimiento a los miembros más recientes de mi equipo, incluyendo al grupo de producción del programa televisivo *Líder de la manada*; a Steve LeGrice de la revista *Cesar's* Way; y a Cheri Lucas, Evo Fisher y Eric Rovner de William Morris Endeavor. También quiero darle las gracias a Pomi por poner a nuestra disposición su rancho y así permitirnos filmar un programa tan maravilloso.

—CÉSAR MILLÁN

Quiero agradecerle a Stacy y Ted Milner por introducirme en el mundo de César; a mis manadas pasadas y presentes del CMI, *Cesar's Way y Dog Whisperer*; a Che'Rae Adams y a L.A. Writers Center por su inspiración, apoyo y amistad; y a mi manada, Shadow y Sheeba, por estar siempre conmigo y enseñarme a ser su líder. Gracias a Bob Aniello y Dave Rogers por creer y confiar en mí. Y, por supuesto, a César, de quien he aprendido tanto a lo largo de los años y quien me ha dado la oportunidad de trabajar en un campo por el que siento tanta pasión.

—JON BASTIAN

Quiero agradecerles a mis padres —Al y Jean Aniello— por su dedicación total a la inspiración; a mi familia —Daryle, Nick y Chris— por ser pacientes conmigo y permitirme ser quien soy, incluso cuando los saco de quicio; a mis dos hermanos Ron y Rick, quienes me han apoyado siempre y me han guiado en lo creativo, lo moral y lo espiritual. Y a César por enseñarme que realmente todo es posible.

—BOB ANIELLO

Quiero agradecerles a César Millán y a su excelente equipo por la oportunidad de trabajar en este proyecto tan interesante. Gracias a ustedes, Bob y Jon, por mover cielo, mar y tierra para materializar un texto bajo condiciones que muchos considerarían imposibles. Ustedes son un equipo estelar: rápido, receptivo a casi todo y siempre proponiendo nuevas formas para perfeccionar un libro. Gracias a mi esposo Crenshaw y a mi hija Diana. Saber que existen lo posibilita todo. Gracias a mis gatos grises (¡ups!), Colonel y Nellie, por sus ronroneos y cariñosos cabezazos. Y gracias a Hoss, Ralph, Max, Bud y Lucy por ser todo lo que una persona pudiera pedir en un perro. Me siento realmente afortunada de compartir mi vida con ustedes.

—AMY BRIGGS

# INTRODUCCIÓN

E stoy de pie sobre la suave arena del desierto, con las suelas de mis zapatos hundiéndose en la tierra porosa y árida. Al quedarme quieto la arena comienza a formar un molde alrededor de mis zapatos, como si fuera cemento. Hace calor, más de 105 grados. Me siento incómodo, y cuesta trabajo moverse.

Cuando miro al otro lado de la frontera entre los Estados Unidos y México, me doy cuenta de que he vivido en los Estados Unidos más tiempo del que viví en México. Han transcurrido más de 22 años desde que crucé la frontera ilegalmente el 23 de diciembre de 1990, de Tijuana a San Ysidro, al sur de San Diego, California, cuando tenía 20 años.

En aquel tiempo la frontera era muy diferente. Había menos cercas y menos patrullas, y el desierto ocupaba lo que entonces parecía una eternidad. Aunque tanto de lo que me rodea ha cambiado, puedo reconocer el mismo desierto y valles por los que deambulé solo durante dos semanas antes de llegar sano y salvo a San Diego. Todavía puedo oler la sequedad del aire y sentir la desnudez del terreno donde me oculté entre rocas y arbustos para evitar que me capturaran. Aquella sensación de soledad no desaparecerá jamás, y mi regreso sólo ha intensificado los recuerdos de aquella experiencia. Mientras contemplo el paisaje, me pregunto: ¿Cómo lo logré? En aquel entonces tenía un sueño simple: venir a los Estados Unidos y convertirme en un entrenador de perros. Lo que era un sueño entonces, es ahora realidad. Este viaje ha sido una especie de consumación.

Estamos a 13 de septiembre de 2012 y he vuelto al mismo lugar de San Ysidro por donde crucé ilegalmente, con la diferencia de que esta vez no soy un inmigrante solitario y atemorizado, sino alguien que ha hecho realidad su sueño. Estoy aquí con un equipo completo de filmación, un fotógrafo y mi gerente de producción, Allegra Pickett. No llegué a pie, vagando por el desierto, sino en la comodidad de un SUV con aire acondicionado, junto con National Geographic Television que está realizando un documental sobre mi vida. Me resulta surrealista y me hace sentir humilde, y casi avergonzado, el hecho de que un canal de televisión considere tan interesante la historia de mi vida como para compartirla con los demás.

Mientras las cámaras comienzan a filmar, se forma un grupo de curiosos y admiradores a escasos metros de nosotros. La mayoría parece conocer mi nombre, e incluso algunos dicen en español: "El encantador de perros" (como se conoce el programa en Hispanoamérica). En los recesos de filmación, me acerco para hablar con algunos de ellos y firmar unos cuantos autógrafos. La diversidad del grupo es sorprendente y refleja la amplia teleaudiencia del programa, que se transmite en más de 100 países. Hay una canadiense sesentona que dice que ha visto los 167 episodios de *El encantador de perros;* una familia de Seattle; un caballero de Argentina quien me asegura que ha usado algo de mi psicología

*De vuelta a los comienzos: mi regreso en el 2012 a la frontera*
*cerca de San Ysidro, California*

canina para criar a sus propios hijos; y una joven familia londinense que asistió al seminario "Cesar Millán Live" que ofrecí durante mi gira en marzo de 2010.

Mientras escucho en plena frontera a estos admiradores, me doy cuenta de que aunque nací y me crié en México, y que después obtuve la ciudadanía estadounidense en el 2009, no pertenezco a un país definido por fronteras, territorio ni idioma. Pertenezco a una comunidad mundial de personas que aman a los perros. Esa es mi manada. Pertenezco junto con ellos... y con sus perros. Y hay más de 400 millones de perros, y más de mil millones de personas que comparten su vida con un perro en esta manada global. Mi papel en esta enorme comunidad es la de Líder de la Manada.

Un privilegio que tomo muy en serio. Se espera que, como Líder de la Manada, proporcione protección y orientación. Por supuesto, la mayoría recurre a mí porque busca respuestas a los problemas de sus perros. En las nueve temporadas de *El encantador de perros* mostré técnicas para corregir todo tipo de malas conductas en todas las razas caninas imaginables, y me encontré virtualmente con casi todos los errores humanos posibles a la hora de cuidar un perro. Pero ahora mi papel de Líder de la Manada es mucho más importante. Es tan importante que decidí concluir el programa *El encantador de perros* después de la novena temporada y crear uno nuevo, *César Millán, El líder de la manada*.

Mientras que *El encantador de perros* era un programa sobre la rehabilitación, *El líder de la manada* trata el tema del rescate. Es una historia de abandonos y de segundas oportunidades. Es una historia de rehabilitación y adopción por parte de una familia compatible. Para muchos de los perros que participan en el programa, esta es su última oportunidad. En mi papel de Líder de la Manada, debo buscarles nuevos hogares a estos perros

*He aprendido tanto de Junior, mi mano derecha canina.*

increíbles, y darle a sus nuevas familias las herramientas idóneas para que cuiden de ellos. Y si bien es cierto que en el mundo muy pocos pueden ser Encantadores de Perros, todos pueden ser un Líder de la Manada.

Este nuevo sentido de propósito me ha impulsado a crear este libro para ayudar a que todos puedan convertirse en Líderes de la Manada de la misma manera que yo lo hice. Cuando me detengo a pensarlo, me doy cuenta de que esta guía ha estado forjándose durante 22 años y que combina todo mi conocimiento empírico de la psicología y adiestramiento canino en un libro simple y fácil de leer.

En esta guía explico los aspectos más importantes de cómo comprender a los perros tal y como son, y no como si fueran seres humanos. Hago un recuento de cómo miles de años de evolución e intervención humana en la reproducción genética han conformado a nuestros compañeros caninos. Posteriormente, exploro lo que llamo Leyes Naturales Caninas y cómo éstas afectan la conducta y el pensamiento de los perros. En el Capítulo 3, encontrarán mis Nueve Principios Fundamentales, que son en realidad herramientas intuitivas breves y simples para que usted pueda criar un perro sano, feliz y equilibrado. Estos principios y técnicas los he puesto en práctica en mi propia manada y en mi trabajo de rehabilitación. Los capítulos siguientes contienen lecciones y estrategias importantes para encontrar el perro idóneo, ajustarse a los cambios en la vida y corregir las malas conductas frecuentes. Luego, desgloso cada problema y ofrezco soluciones para que el material sea de fácil seguimiento y referencia.

Además, he incluido en estas páginas todo lo que he aprendido sobre el comportamiento humano en mi trabajo con los perros y en las experiencias de mi propia vida. Hablaremos más sobre esto en los capítulos finales, donde les contaré historias inspiradoras —la mía entre ellas— de personas cuyas vidas han sido tocadas y transformadas para siempre por un compañero canino. Por primera vez, compartiré detalles del trabajo que he realizado con personas como Jillian Michaels, entrenadora personal de vida y estrella del programa *The Biggest Loser.* Esas personas han logrado profundos cambios aplicando las Leyes Naturales Caninas, los Principios Fundamentales, y las Técnicas del Líder de la Manada que he desarrollado a lo largo de muchos años de ayudar a que los animales y las personas encuentren juntos la armonía.

Y, por supuesto, a lo largo del libro, conocerán a los perros... los obsesivos, los agresivos... a los humanizados hasta el punto de desestabilizarse y de que sus dueños —los principales causantes del problema— se vieran obligados a regalarlos o a aislarlos en jaulas o patios. Compartiré historias de perros especiales de mi nuevo programa *César Millán, El líder de la manada,* y verán cómo los métodos que explico en este libro ayudaron a cada uno de estos perros a encontrar el equilibrio, así como nuevos hogares con la familia perfecta.

Cuando lleguen al final de la *Guía para un perro feliz,* habrán participado conmigo en un viaje por el corazón y la mente de un perro. Comprenderán en toda su magnitud cómo funciona la mente canina, y cómo nuestra energía afecta la conducta del perro; también aprenderán a ser un buen Líder de la Manada.

Y si desempeño mi trabajo como Líder de la Manada correctamente, usted tendrá un mejor entendimiento de lo que está fuera de balance en su propia vida, y aprenderá a satisfacer las necesidades de su propia manada de una mejor manera

Creo y tengo esperanzas de que este libro le proporcionará los conocimientos necesarios para mejorar y enriquecer la relación con su perro, su familia y su comunidad. Bienvenido a la manada.

# Cómo Leer Este Libro

Antes de comenzar a leer, es importante tener una mente abierta. Comprendo que uso palabras que incomodan a muchas personas; en mi experiencia, las más comunes son *dominio* y *control*. Creo que algunos se inquietan con estos términos porque los interpretan de forma negativa. En consecuencia, me gustaría explicar por qué, para mí, son neutrales, e incluso hasta positivos y necesarios.

Aunque uso estas palabras, no les atribuyo connotaciones negativas como la de un jefe "controlador" o como alguien que "domina" a su enemigo, por ejemplo. La palabra *dominio* procede del latín *dominus* y una de sus acepciones es "maestro". En inglés, la palabra *maestro* se utiliza con frecuencia para referirse a un director o conductor de orquesta, una imagen mucho más agradable para asociar con la palabra *dominio,* pues el conductor proporciona una de las dos cualidades que caracterizan al perro dominante de una manada: dirección y orientación.

La segunda palabra que se malinterpreta a menudo es *control.* En este libro, la uso para indicar el acto de iniciar, cambiar y detener la acción de otros. Cuando los maestros piden a sus alumnos que comiencen un examen o que dejen de escribir al final del mismo, eso equivale a control. Cuando un policía de tránsito le ordena a un automóvil que se desvíe a causa de un accidente —o sea, que cambie de dirección— también ejerce control. En la relación con su perro, usted, el ser humano, debe ser quien determine cuándo las cosas se deben iniciar, cambiar y detener. Si su perro es quien toma esas decisiones, entonces usted, simplemente, no tiene control. Para ser Líder de la Manada, usted debe ejercer el control.

Si durante un paseo su perro se adelanta, tome control cambiando de dirección. Si su perro se comporta de una manera que usted no desea, interrúmpala. Ofrezca la corrección debida. Antes de darle a su perro algo que él quiere —un paseo, comida, agua, afecto— espere a que muestre la conducta que *usted* desea, en un estado tranquilo y sumiso. La acción deseada por el perro no debe comenzar hasta que *usted* lo permita, y nunca cuando el perro la inicie.

Estoy convencido de que adoptar estas palabras —*control* y *dominio*— es una parte importante de la transformación en el Líder de la Manada. Es crucial que usted se acostumbre a ellas, claro, con el significado que yo les doy.

Como los seres humanos pueden tener firmes asociaciones negativas con las palabras, el acto intelectual de leer una, puede desencadenar una respuesta emotiva —en ocasiones defensiva— que obstaculice su comprensión. Cuando lea este libro, le reto a prestar atención a sus emociones, y a detenerse ante cualquier palabra que le incomode. Subráyela y luego analice por qué esa palabra generó esa respuesta.

Pruebe ahora mismo con *control* y *dominio*. ¿Qué significado tienen para usted? ¿Le inspiran sentimientos positivos o negativos?

¿Qué tienen esas palabras que podría provocarle ese tipo de reacción? Para cada una de las palabras que le incomoden, trate de buscar sinónimos más agradables para usted. Por ejemplo, muchos podrían sentir emociones desagradables con la palabra *calor*, mientras que *calidez* podría ser más positiva: el desierto sofocante en verano versus seres queridos en torno a una chimenea durante una fiesta de fin de año.

Las palabras no tienen significado alguno para los perros. Para ellos, son sólo tonos y modulaciones del sonido; y esto incluye el nombre que les damos. Los perros se comunican mediante la energía, y nos responden mejor cuanto estamos calmados y somos asertivos. Para alcanzar un estado de calma, primero necesitamos controlar nuestras emociones humanas, especialmente las que generan estados de energía débil, como la duda, el temor o la ansiedad. Si ciertas palabras le provocan esas sensaciones, debe neutralizar lo negativo identificando por qué le hacen sentir así, eliminando esas connotaciones de las palabras, y/o sustituyéndolas con sinónimos que considere neutrales de ser necesario.

El conocimiento elimina el temor, y el propósito de este libro es darle abundantes conocimientos. Sin embargo, de usted depende lograr la calma. Si colabora conmigo y lee este libro con una mente abierta, aprenderá a alcanzar ese estado de tranquilidad, y sabrá instintivamente cómo brindarle equilibrio a sus perros.

# CAPÍTULO UNO

# La mente canina

Ahora que inició conmigo el viaje en pos de una vida más feliz con su perro, lo mejor es comenzar viendo el mundo a través de sus ojos, o mejor aún, a olfatear el mundo con su nariz. Primeramente tiene que comprender y adoptar el estado mental canino.

¿Se ha preguntado alguna vez qué piensa su perro cuando lo mira? Usted le dicta órdenes como "Siéntate", "Quieto" o "Bájate del sofá", y si es un perro equilibrado lo obedecerá. Pero, ¿qué ocurre en su cerebro *cuando* lo hace? Deje de preguntárselo. El cerebro de un perro es algo maravilloso: le da información sobre el mundo, le orienta qué debe hacer con ella y le ayuda a buscar la manera de complacerle a usted, su ser humano.

Los perros están motivados para complacer a la gente. Saben por instinto que las personas son de suma importancia para ellos y que podrán satisfacer casi todas sus necesidades si se apoyan en un humano y cuentan con él. Como resultado, los perros hacen lo posible para complacer al ser humano y sus cerebros están programados para este impulso.

Los perros son maravillosamente adaptables, pero este impulso para complacer es un arma de doble filo. Si usted quiere que su perro se comporte como un niño necesitado, el perro llegará a comportarse como tal aunque sus instintos naturales le indiquen lo contrario. Por una parte, el deseo de complacer implícito en ellos los convierte en mascotas adorables y en perros dedicados de servicio; pero por la otra, también puede hacer que se metan en grandes problemas. Cuando los perros tratan de adaptarse a deseos humanos que no son naturales para ellos, se desequilibran.

Entender el funcionamiento del cerebro de su perro no sólo le ayudará a entenderlo, también le ayudará a ser un mejor Líder de la Manada: podrá darle a su perro lo que necesita para estar saludable, feliz y equilibrado.

## ▶ El cerebro de su perro

El cerebro de un perro necesita grandes cantidades de "combustible" para funcionar adecuadamente. Aunque el cerebro de un perro promedio equivale a menos de la mitad del uno por ciento de su peso corporal, recibe más del 20 por ciento de la sangre que bombea su corazón.

El cerebro del perro tiene la responsabilidad de interpretar y actuar ante la información o señales que recibe de sus diferentes receptores sensoriales. En pocas palabras: el cerebro canino es como una super carretera de información sensorial. Las respuestas del perro a esas señales son predeterminadas por la estructura de su configuración genética. Pero esto no quiere decir que los perros reaccionarán siempre de la misma manera ante los mismos estímulos.

## Anatomía del Cerebro Canino

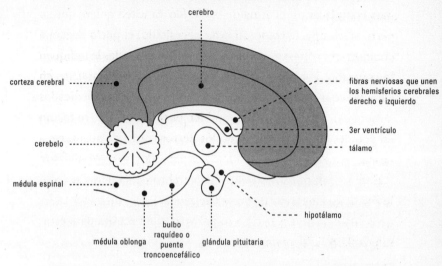

La anatomía del cerebro canino es similar a la de la mayoría de los demás mamíferos. El cerebro controla el aprendizaje, las emociones y la conducta. Por su parte, el cerebelo controla los músculos y el tronco encefálico se conecta al sistema nervioso periférico.

Se cree que otra red cerebral conocida como sistema límbico, es el área que controla el funcionamiento general de la memoria.

Un perro entiende su propia relación con el mundo que lo rodea gracias al sistema límbico, que es alimentado por sus sentidos: olfato, oído, vista, tacto y gusto.

## ▶ Instinto versus adiestramiento

En ocasiones se produce un conflicto natural entre lo que un perro desea hacer "instintivamente" y lo que nosotros queremos que haga. Este "tira y hala" se lleva a cabo en el sistema límbico del cerebro canino.

Casi todos los métodos de adiestramiento canino se enfocan en anular el sistema límbico natural, ya sea mediante recompensas por obedecernos e ignorar instintos, o bien castigándolos por seguir tendencias instintivas.

La mayor parte del adiestramiento canino actual se concentra en estas dos escuelas de pensamiento: el aprendizaje basado en la recompensa, o en el castigo. He usado técnicas de ambos métodos de adiestramiento en mi trabajo de rehabilitación, y siempre recomiendo el uso de los métodos que mejor funcionen para usted y su perro. En vez de seguir un método o fórmula específica, trato de adaptar mi enfoque a la particularidad del perro que tengo ante mí.

Lo importante en un adiestramiento es la aplicación de la técnica. Las clases que yo imparto en el Dog Psychology Center (DPC) cubren la mayoría de las técnicas usadas comúnmente por los adiestradores de perros hoy en día, como el entrenamiento con *clicker* y la recompensa. La gente a menudo insiste que no uso la técnica de *clicker* en mis adiestramientos, pero el sonido «¡Tsch!» que hago con la boca durante mis sesiones de rehabilitación es igual a usar el *clicker*: asocia un sonido con la conducta específica que deseo en el perro. De igual manera, he usado *treats* ("golosinas" caninas) para instar a los perros temerosos a que se relajen antes de comenzar una sesión de rehabilitación.

A menudo, durante las clases de adiestramiento en el Dog Psychology Center, escucho cómo los adiestradores hablan, e incluso discuten entre sí, sobre cuál técnica es mejor en una situación específica. Cuando se me pide opinión, siempre vuelvo a lo elemental: saber lo que necesita ese perro en particular;

orientar las tendencias del perro hacia actividades sanas; y proyectar un liderazgo claro y constante.

No importa si usted usa un *treat*, un *clicker* o disciplina para obtener la conducta que desea, siempre y cuando la misma sea natural.

## ▶ Trabaje con los instintos, no en su contra

En la actualidad ocurren tantos problemas con perros porque los seres humanos suprimen el funcionamiento natural del sistema límbico canino.

La clave para lograr un adiestramiento canino exitoso es canalizar la energía e instintos naturales del perro hacia una conducta positiva tanto para él como para el ser humano. La reorientación, no la supresión, es una de mis reglas fundamentales. Siempre trato de alimentar y cultivar todas las destrezas especiales de una raza específica, y de reorientar las tendencias naturales del perro en actividades sanas.

Por ejemplo, recibo numerosas llamadas de propietarios de schnauzers quejándose de que su perro escarba excesivamente en el patio. El nombre de los schnauzers deriva del alemán *schnauze*, que quiere decir "hocico". Esa raza se creó para buscar ratas y otras sabandijas en graneros y viviendas, y tiene un potente sentido del olfato. Por lo tanto, esos perros sólo están haciendo instintivamente aquello para lo que se les creó. En vez de combatir sus instintos naturales, ¿por qué no creamos un sitio donde el perro pueda escarbar? Excavar es una forma de ejercicio y los ayuda a desahogar el exceso de energía. La capacidad de trabajar con los instintos naturales del perro puede ser una solución más fácil.

En el DPC contamos con zonas especiales donde los perros pueden ejercitar sus instintos naturales. Tenemos una alberca para los perros de agua y los cobradores. También tenemos una zona de pastoreo para las razas que tienen la genética para el pastoreo.

Recuerdo una perra llamada Ginger que una organización local de rescate trajo al DPC. Ginger estaba tan tensa y excitable, que su dueño no la soportó más. Me di cuenta de inmediato que a Ginger la aquejaba la ansiedad, y que con ese estado mental nadie la adoptaría. Sin embargo, la llevé a la zona de pastoreo, donde no creo haber visto jamás una transformación más rápida. A los diez minutos Ginger estaba pastoreando las ovejas, y al satisfacer sus necesidades instintivas, pasó a un estado tranquilo y sumiso. Aún usamos a Ginger como personalidad de televisión en el Dog Psychology Center cada vez que necesitamos demostrar la capacidad de pastoreo. Ginger puede pastorear ovejas con más rapidez que cualquier otro perro que conozco. Según Janna Duncan, quien imparte las clases de pastoreo en el DPC, «El pastoreo es instintivo en muchas razas. Cuando están 'trabajando', sienten que tienen un propósito en sus vidas. Dejarlos que trabajen les ayuda a sentir confianza en sí mismos y alivia la ansiedad y la agresividad». En una clase, pude ver cómo Janna introdujo a una perrita de cinco meses en el rebaño de ovejas. Janna dejó que la cachorrita "encontrara sus instintos". A los diez minutos, la cachorrita llamada Luna, trataba instintivamente de mantener el rebaño unido y en movimiento. Después de la demostración, regresó con orgullo junto a su familia y se sentó tranquila y obediente a sus pies. ¡Su labor había terminado!

# ▶ La supresión de los instintos caninos de pastoreo

- **Tendencia instintiva** = pastorear
- **Estado de energía** = ansiedad, inestabilidad
- **Problema de conducta** = tendencia a pastorear a otras mascotas o incluso a los seres humanos en su hogar; morder constantemente los talones y saltar sobre las personas
- **Solución** = reorientar la energía con *flyball*, frisbee, o adiestramiento de agilidad
- **Razas más afectadas** = corgis, pastores, malinois belga, border collies, briards, pastores alemanes, ovejeros, vallhunds suecos.

En ciertos casos, es posible que no quiera estimular un rasgo específico de la raza. Con razas poderosas como los rottweilers y los pit bulls, quizá no desee estimular la actividad específica para la cual se creó genéticamente el perro, como cazar o custodiar.

En tal caso, tendrá que buscar formas creativas para reorientar dichas tendencias. Por ejemplo, a Junior y a mí nos encanta jugar a halar la cuerda. Los instintos de Junior lo impulsan a la caza. Cuando jugamos con la cuerda, reoriento la energía a un juego de control.

La represión de tendencias naturales e instintivas puede provocar graves problemas de conducta. Ginger es sólo un ejemplo de los problemas de conducta originados por un ser humano que ignoró el sistema límbico. Por diversas razones, algunos dueños no pueden dejar que sus perros pastores pastoreen, que sus perros de agua naden, o que los excavadores excaven. En estos casos, es mejor aceptar que estos perros tendrán un exceso de energía que será necesario agotar. Aumentar la cantidad de ejercicio que hace el perro puede quemar esa energía, poner a funcionar los sentidos, y reducir los episodios de conducta no deseada.

## ▶ Lo que recuerda el perro

Ahora que ha logrado una comprensión elemental de cómo funciona el cerebro canino, y cómo el perro procesa los estímulos sensoriales, es igualmente importante entender cómo funciona la memoria canina. La capacidad que tienen los perros de "vivir el momento" también los hace adiestrables. En mis 22 años de trabajo con perros he adiestrado a miles, y sólo ha habido unos pocos a los que no he podido ayudar.

La cantidad de estudios acerca de cómo los perros perciben el tiempo y recuerdan acontecimientos es limitada. En lo concerniente a memoria y tiempo, sabemos que los perros son diferentes a los seres humanos. Mi experiencia me dice que los perros no pueden retroceder mentalmente en el tiempo ni viajar al futuro como podemos hacerlo nosotros. Ser capaz de rememorar recuerdos específicos y predecir acontecimientos futuros nos parece un don maravilloso, pero al mismo tiempo, esta capacidad humana tiene su precio: ansiedad, temor, sentimientos de culpa y arrepentimiento.

Muchos clientes se muestran escépticos cuando les digo que los perros sólo viven en el presente, y que su capacidad real de recordar es muy reducida: unos 20 segundos. "Después de todo, 'mi perro está adiestrado para recoger una pelota y soltarla a mis pies cada vez que la lanzo. Se acuerda de lo que debe hacer'" –es el argumento más común–. Pero eso no es lo que está ocurriendo en el cerebro del perro.

Recuerde que los perros han aprendido a reaccionar a órdenes y a complacer a los seres humanos. Por tanto, saben cómo responder a la orden "Búscala", sin acordarse de la situación específica en que aprendieron esa orden. Usted puede ser capaz de recordar los detalles exactos de aquel día soleado de primavera en que enseñó a su perro a buscar la pelota, pero él no. Al menos, no de la misma forma.

Un perro recuerda personas y lugares de acuerdo a las asociaciones que hace con los mismos. La memoria asociativa puede funcionar de forma positiva y negativa. Si un perro experimenta una visita traumática al veterinario después de un viaje en automóvil, podría reaccionar con temor ante cualquier recorrido en automóvil hasta que esa asociación de la memoria sea sustituida con otra que se vincule a algo positivo, como ir al parque canino. Mientras más fuerte sea la asociación, más difícil será su reemplazo.

Cuando trabajo con perros traumatizados, lo primero que tengo que hacer es identificar sus asociaciones negativas. Reformular esas asociaciones requiere tiempo y paciencia. He trabajado con muchos perros militares que regresan del campo de batalla, y muchos de ellos necesitan una reformulación extensa antes de que estén listos para su adopción por nuevas familias. Un perro así no sabe si está dentro o fuera del campo de batalla, o si terminó la guerra. Estos perros siempre están trabajando y tienen muchas asociaciones negativas, relacionadas usualmente a ruidos intensos. Por ejemplo, los estrepitosos fuegos artificiales del Día de la Independencia son especialmente difíciles para estos perros.

*Gavin venció su miedo a los ruidos intensos al convertirse
en un perro nuevamente.*

Trabajé con un perro militar muy especial llamado Gavin, un labrador dorado de diez años, jubilado del Bureau of Alcohol, Tobacco, Firearms, and Explosives o ATF (Departamento de Alcohol, Tabaco, Armas de Fuego y Explosivos).

Gavin estuvo dos años en Irak, donde desarrolló un grave problema de aversión al ruido. Cuando regresó a los Estados Unidos, se aterrorizaba con los truenos y los fuegos artificiales. El padecimiento aumentó hasta incluir ruidos intensos como los generados por detectores de humo y hasta los gritos de los niños. La primera vez que me trajeron a Gavin, ni siquiera sabía cómo estar con otros perros. Se quedó inmóvil ante la presencia de mi manada. Debido a su adiestramiento militar, se acostumbró a estar en una manada humana, olvidando lo que era estar con otros perros. Era como si se hubiese transformado en un robot carente de sensibilidad canina.

Yo rehabilito a estos perros introduciendo una actividad presente en su ADN natural pero no en su rutina cotidiana. En el caso de Gavin fue la natación. Los labradores son nadadores naturales, originalmente criados para ayudar a los pescadores a recoger sus redes. Al principio Gavin vaciló un poco, pero después de algunos intentos, comenzó a nadar, recuperando su confianza, y, al hacerlo volvieron sus instintos caninos naturales. Una vez que Gavin volvió a ser él mismo, pude adiestrarlo. En vez de sentir temor y desconfianza ante ruidos intensos —algo que Gavin aprendió en su vida militar— le enseñé a asociar esos ruidos con la acción de acostarse. Cada vez Gavin escuchaba un ruido intenso, le ordenaba acostarse y descansar. Con el tiempo, Gavin aprendió a estar más relajado en presencia de un ruido.

Finalmente, y luego de vencer su miedo a los ruidos intensos, a Gavin lo adoptó su agente del ATF, L. A. Bykowsky. Los días que L. A. no estaba de servicio, traía a Gavin a la oficina a visitar a sus antiguos amigos y compañeros caninos. Lamentablemente, Gavin falleció en febrero de 2011 después de una ardua batalla contra el cáncer, habiendo vivido sus últimos años como un perro feliz y equilibrado.

## ▶ Estimular el cerebro, temprano y frecuentemente

Con frecuencia me preguntan si los dueños de perros pueden hacer algo para que éstos sean más listos. Basta mirar los estantes de los supermercados para ver numerosos alimentos para perros que aseguran estimular la inteligencia. Ignoro si la dieta puede incrementar la inteligencia y no hay manera de hacerles pruebas de cociente de inteligencia para demostrar si es posible o no. Sin embargo, sí creo que "estimular" a un perro desde su etapa de cachorro puede dar como resultado un cerebro más fuerte y equilibrado.

El cerebro de un cachorro es como una esponja que absorbe todos los olores, visiones y experiencias del mundo lo más rápidamente posible. Un cachorro bien estimulado crecerá y tendrá un cerebro más grande, con más cantidad de células de mayor tamaño, y más interconexiones entre ellas. Escuchar ruidos intensos, hacer ejercicio regularmente, conocer nuevos perros y personas, viajar a nuevos lugares, e incluso llevar a cabo prácticas de agilidad unos minutos al día fortalecen el cerebro. Nosotros podemos influir en el desarrollo del cerebro de un cachorro, proporcionándole el mejor ambiente posible desde el momento en que nace.

De igual manera, un perro carente de estímulo o que no tiene interacciones con otros perros o seres humanos, es más propenso a tener un cerebro más reducido y a ser menos equilibrado. He visto muchas situaciones en las cuales un perro sin estímulo no sólo es infeliz, sino también un animal aburrido y casi inanimado.

Sin embargo, demasiado de lo bueno puede ser perjudicial. También he visto situaciones en las cuales la estimulación excesiva del perro provoca problemas de conducta y de agresividad. Se pueden detectar señales de estimulación excesiva cuando un perro entra en una habitación o se aproxima a otro perro frente a frente, con la lengua colgando, respirando agitadamente, halando su correa o ladrando. Muchos dueños malinterpretan estas señales como de "felicidad", pero en realidad esos perros están fuera de control. Si el perro muestra estos síntomas, necesita que lo manejen de forma tranquila y pausada, y es mejor alejarlo de aquello que lo está sobreexcitando hasta que se haya calmado.

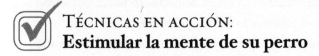

## TÉCNICAS EN ACCIÓN:
## Estimular la mente de su perro

Mantener activa la mente de su perro y exponerlo constantemente a cosas nuevas es tan importante como llevarlo de paseo y ejercitarlo. Los perros aburridos caen en conductas destructivas y descargan su energía negativa en objetivos como sus muebles. Estas son algunas formas creativas de estimular la mente de su perro:

1. Trabaje en un truco nuevo. Cada vez que hace participar a su perro en una sesión de adiestramiento, le está ofreciendo un reto mental. Busque nuevos trucos para que aprenda y practique. Si está listo para ir más allá de las órdenes básicas de "Siéntate", "Quédate ahí" y "Ven"; trate de vincular varias órdenes como "Busca y siéntate".

2. Juegue con juegos o juguetes interactivos. Los juguetes para perros ya no se limitan a los muñecos sonoros de goma y las ardillas de tela. Me gusta usar rompecabezas caninos que le permite esconder golosinas y objetos dentro, lo cual hace que su perro se las ingenie para sacarlos. Si no tiene un rompecabezas, puede esconder una golosina en una mano y hacer que el perro detecte en cuál mano la ocultó.

Como los perros tienen un poderoso sentido del olfato, el suyo adivinará el 100 por ciento de las veces que lo intente.

3. Cambie su rutina de paseos. Pruebe una calle o parque diferente para mantener el paseo interesante para su perro.

4. Ponga a su perro a "trabajar". Los perros están equipados genéticamente para realizar tareas como cazar y pastorear. Juegue con él al frisbee. Hágalo participar en un deporte de agilidad o *flyball*. Busque "tareas" que se correspondan con la raza de su perro.

5. Estimule la actividad social. Los perros son animales sociables, por lo que usted debe estimular la necesidad de actividad social planificando "citas para jugar" con otros perros compatibles.

## ▶ Ver las cosas desde la perspectiva de su perro

La mayoría de los perros más felices y mejor equilibrados que veo parece tener dueños que los comprenden instintivamente. Son capaces de entender el mundo en el que vive su perro y lo ayudan a transitarlo. Usted también puede convertirse en esa clase de Líder de la Manada. Por eso es vital la comprensión de cómo funciona el cerebro de su perro, cómo procesa información y cómo los instintos pueden guiar la conducta. Cuanto tenga un buen dominio de toda esa información, estará bien equipado para pasar a los capítulos siguientes que aprovechan estos principios. La posibilidad de "ver" el punto de vista único de su perro le ayudará a adoptar las técnicas y principios que vienen más adelante.

# CAPÍTULO DOS

# Las Leyes Naturales Caninas de César

Una de las preguntas más frecuentes que me hacen los dueños de perros es «¿En qué consiste la psicología canina?». Muchos creen que la psicología canina es igual a la humana pero no es así, es muy diferente. En vez de examinar las emociones y reacciones humanas, la psicología canina trata de entender y explicar la conducta de los perros desde una perspectiva *canina,* no humana.

Y para conocer aun más el estado mental o temperamento canino, es necesario entender lo que yo defino como Leyes Naturales Caninas. Si se propone controlar a sus perros y ser su Líder de la Manada, debe comprender quiénes son y lo que necesitan *como perros* en su estado natural.

¿Qué son entonces las Leyes Naturales Caninas? En esencia, son el resultado final de miles de años de evolución de los perros salvajes. Son verdades fundamentales que deben comprenderse para que los perros vivan en armonía con los seres humanos. Estas fuerzas poderosas siguen moldeando la forma en que piensan y se comportan los perros modernos. Son las leyes que la Madre Naturaleza ha impuesto en la especie. Si usted las ignora, irá en contra de la Madre Naturaleza, una adversaria formidable. Las cinco leyes son:

1. Los perros son instintivos. Los seres humanos son intelectuales, emocionales y espirituales.
2. La energía lo es todo.
3. Los perros son primeramente animales, luego una especie, luego una raza y finalmente un nombre.
4. Los sentidos conforman la realidad del perro.
5. Los perros son animales sociales, de manada, con un líder y sus seguidores.

Vamos a examinar cada una de estas leyes y sus efectos en la memoria, conducta e intelecto de los perros. En cuanto entienda estas cinco leyes, podrá comenzar a aplicar los Principios Fundamentales y las Técnicas del Líder de la Manada que se analizan en los Capítulos 3 y 4. Cuando una todo esto, tendrá las herramientas necesarias para lograr su objetivo: un perro tranquilo y sumiso que lo respeta, confía en usted y lo ama.

En mi experiencia, la mayoría de los seres humanos se concentra únicamente en el resultado: "¿Por qué mi perro no hace lo que le ordeno?". Algunos se enfocan sólo en las técnicas: por ejemplo, en la forma correcta o errada de pasear un perro. Pero si usted no comprende las Leyes Naturales Caninas, le será muy difícil lograr un resultado positivo, independientemente de la técnica que use. Una vez que haya dominado las Leyes Naturales Caninas, le sorprenderá lo sencillo que resulta aplicar con éxito las técnicas de adiestramiento que analizaré en otros capítulos de este libro.

## PRIMERA LEY NATURAL CANINA
### Los perros son instintivos. Los seres humanos son intelectuales, emocionales y espirituales.

Uno de los problemas más frecuentes que encuentro en los seres humanos es que piensan que sus perros son como ellos. Sólo basta ver cuántas personas tienden a humanizar a sus perros. Solemos organizarles fiestas de cumpleaños, disfrazarlos, llevarlos en coches de niños, y conversar con ellos como si fueran nuestros paños de lágrimas.

Los seres humanos (al menos algunos) disfrutan estas cosas. Entonces ¿por qué no las van a disfrutar sus perros? Lo que muchos ignoran es que este tipo de actividades no satisfacen al perro sino al humano. Las personas están usando a los perros para satisfacer sus propios anhelos y necesidades.

Otro error común que muchos cometen es atribuirles emociones humanas a sus perros. ¿Con cuánta frecuencia ha escuchado decir al dueño de un perro: "Pobre perrito, está triste porque...", y luego narrar una historia elaborada para explicar la incomodidad del animal? "Está triste porque le grité" o "Está triste porque alguien lo maltrató". Por lo general, usamos explicaciones emocionales basadas en sentimientos humanos ante la aparente tristeza o depresión de un perro. Aunque los perros tienen emociones, no son tan complejas como las humanas. Sin embargo, los perros detectan las emociones provenientes de los seres humanos. Sienten nuestras emociones como una energía y, para ellos, la energía puede ser positiva o negativa. Los perros interpretan la energía negativa como debilidad y reaccionan en consecuencia.

Como constantemente explicamos los problemas caninos en términos humanos, la relación con nuestros perros sufre. Lo que ignoramos una y otra vez es que la solución que usaríamos en el caso de un ser humano es totalmente errónea para resolver los problemas de un perro. Por ejemplo, cuando una persona ve a un perro atemorizado o nervioso, primeramente le ofrece alivio y luego, trata de consolar al animal aterrado.

En lugar de devolverle la confianza al perro y hacerlo sentir más seguro, esta acción puede tener el resultado opuesto. El consuelo y el afecto pueden afianzar la conducta negativa del perro porque lo gratifica. El problema puede empeorar porque se ha respaldado una conducta inestable.

Por supuesto, esto nunca ocurre, bajo ningún concepto, en el mundo animal, donde un miembro inestable de la manada será ignorado por el resto de la misma. Si la inestabilidad persiste, o llega al punto de poner en peligro a la manada, el animal será rechazado. Cuando un perro detecta energía inestable, sus instintos son casi el polo opuesto al primer impulso de un ser humano.

Para comprender a nuestros perros, siempre debemos recordar que son criaturas instintivas que no piensan como nosotros y cuyas emociones no son como las nuestras.

A continuación, detallaré algunas conductas humanas que indican si usted está humanizando a sus perros e ignorando sus instintos.

## LAS CINCO FORMAS MÁS COMUNES DE HUMANIZAR A LOS PERROS SEGÚN CÉSAR

Humanizar a los perros puede afectar el equilibrio de los mismos y causar problemas de conducta con el paso del tiempo. Las personas humanizan a los perros de muchas maneras, pero estos malos hábitos son los más comunes:

1. Permitirle al perro que actúe como un ser humano (o sea, que coma en la mesa, o que duerma en la cama de una persona).

2. Atribuirles sentimientos y emociones humanas a las acciones, lenguaje corporal o expresiones faciales del perro

3. Vestir a los perros con disfraces que no cumplen ningún propósito de protección o identificación

4. Esperar que los perros comprendan e interpreten el lenguaje de los seres humanos

5. Aplicarles soluciones humanas a los problemas caninos (o sea, consolar a un perro ansioso, o saludar con entusiasmo a un perro sobreexcitado)

## SEGUNDA LEY NATURAL CANINA:
### La energía lo es todo.

Existen numerosos estudios científicos sobre los efectos de la genética, la cría y la evolución en la conducta canina. Sin embargo, no hay suficiente reconocimiento ni comprensión sobre la forma en que la energía humana afecta directamente la conducta de un perro. ¿Y qué es exactamente la energía? La energía es lo que yo llamo *existencia*; es quién y qué somos en cada momento. Los perros usan energía constante para comunicarse. No se reconocen por nombres, sino por la energía que proyectan y las actividades que comparten. Y conocen a los seres humanos de la misma manera.

Nosotros, como seres humanos, también nos comunicamos usando la energía, aunque no nos demos cuenta. En la superficie, nuestra forma principal de comunicación es el lenguaje. Usamos palabras para expresarnos. Pero los perros carecen de palabras. Un perro expresará lo que pasa por su mente con la posición de sus orejas y ojos, por cómo mantiene el rabo o la cabeza, y la forma en que se mueve. Estas son pistas importantes que, si los seres humanos las pasan por alto, pueden provocar malas interpretaciones o, peor aún, problemas de conducta. Y aunque los seres humanos intentemos persuadir, explicar y racionalizar con palabras todo el tiempo, debemos reconocer que estamos proyectando señales de energía, los mensajes más potentes que podemos enviarles a nuestros perros.

A muchas personas se les dificulta entender el concepto de "energía como comunicación". He descubierto que esta ley es la más difícil de entender por los seres humanos. Hace algunos años, me pidieron que me reuniera con unos conductistas de perros en Londres para explicar cómo la energía puede influir, e incluso predecir, la conducta canina. Al cabo de una hora de conversación, pude detectar que aún existía confusión en aquel salón: «¿Qué quiere decir con 'energía'? ¿Cómo la reconozco?»

La mente canina funciona observando las posturas de nuestro cuerpo, y obteniendo información sobre el entorno mediante los sentidos, fundamentalmente el olfato, la vista y el oído. Los perros pueden hacer cosas sorprendentes con esos "superpoderes"; sólo hay que pensar en los perros que actúan como lazarillos y en los de misiones de búsqueda y rescate.

En aquel salón lleno de conductistas capacitados e instruidos, les pregunté: «¿Consideran razonable que si un perro puede detectar bombas, drogas o encontrar seres humanos extraviados; también puede entender y sentir nuestros estados de ánimo, emociones y energía?».

A propósito de eso, dos años atrás había visitado un centro de investigaciones sobre el cáncer en el norte de California, donde los perros podían diagnosticar cáncer de pulmón con un índice de exactitud del 77 por ciento con sólo olfatear el aliento del paciente. Con toda seguridad, si el sentido del olfato de un perro es tan agudo, ¿no podría entonces intuir potencialmente nuestros estados mentales? Creo que la mayoría de los perros puede hacerlo.

Cuando pienso en estas cuestiones de la energía, me viene a la mente una de las experiencias más importantes de mi vida: cuando recurrí a los instintos y la energía de mi perro Daddy a la hora de tomar una decisión importante para nuestra manada.

Cuando Daddy, el primer perro que fue mi mano derecha, llegaba al final de su vida, comencé a buscar un nuevo miembro al que Daddy pudiera enseñar e integrar a mi manada. Daddy compartió mi vida y mi trabajo desde que tenía cuatro meses.

En su trabajo conmigo, Daddy se acostumbró a estar cerca de perros de todos los tamaños. Este contacto y su energía natural equilibrada lo hacían el candidato perfecto para rehabilitar a otros perros, en particular aquellos con problemas de agresividad. La energía tranquila y sumisa de Daddy era contagiosa. Yo confiaba en él implícitamente, por lo que era vital para mí la búsqueda de otro perro que siguiera su legado.

La pit bull de un amigo mío acababa de parir varios cachorros y fui con Daddy a verlos, observando atentamente cómo los cachorritos interactuaban con su madre y entre sí.

Hubo un cachorro en particular que me llamó la atención. Obviamente, era el mejor: fuerte, hermoso y con bellas marcas. Se lo llevé a Daddy y, para mi sorpresa, éste le gruñó. Luego seleccioné otro cachorrito que me gustó, uno totalmente blanco con la cabeza grande, pero Daddy lo ignoró totalmente.

Luego vi a otro cachorro, era el más cercano a su madre y tenía un hermoso pelambre azul. Lo escogí y lo coloqué cerca de Daddy, quien se le acercó, y ambos estuvieron frente a frente. Luego Daddy agitó la cola, se volvió y, para mi total sorpresa, el cachorrito lo siguió a mi coche, sin volver a mirar a su madre. Ese fue el cachorrillo que se convirtió en Junior. Daddy y Junior supieron que eran el uno para el otro. Puro instinto y energía.

En los meses y años siguientes, Daddy adiestró a Junior. (Lo único que hice yo fue adiestrar a Junior para que hiciera sus necesidades, una tarea en la que Daddy decidió no participar).

Resultó que Daddy sabía lo que iba a ser mejor para mí. Junior tiene la energía perfecta para la manada, y era el idóneo para su misión de ayudarme a rehabilitar perros. Yo confié en Daddy y conté con sus instintos para elegir su sucesor. Si usted quiere relacionarse con los perros, debe vivir en su mundo. Es un mundo instintivo, no intelectual ni espiritual. Un mundo al que se entra confiando en sus instintos.

La comunidad científica ha comenzado a examinar los efectos de la energía en la conducta. Por supuesto, gran parte de lo que sé de perros se fundamenta en una vida trabajando con ellos. Por lo tanto, siempre me gratifica que los académicos publi-

*Daddy le demostró a Junior la importancia de una buena siesta.*

quen un nuevo estudio científico sobre la conducta canina en la que se confirman, o al menos se apoyan, los conceptos y observaciones que he acumulado durante toda mi vida.

En febrero del 2012, la revista *Current Biology* publicó los resultados de un estudio realizado por el Centro de Desarrollo Cognitivo de la Universidad Centroeuropea de Budapest, Hungría, donde se indica que los perros pueden responder al contacto visual y a las indicaciones no verbales de los seres humanos de forma similar que los niños de dos años.

En el estudio, los perros pudieron interpretar indicaciones no verbales, especialmente cuando los seres humanos usaron el contacto visual. Nicholas Dodman, director de la Clínica de Conducta Animal de la Facultad Cummings de Medicina Veterinaria de la Universidad Tufts en North Grafton, Massachusetts, resumió parte de la investigación diciendo: «Los perros buscan una expresión de lo que la persona está pensando».

Este estudio confirma lo que siempre he creído, que los perros están más en sintonía con nuestra energía y conductas no verbales de lo que pudiéramos imaginar. Los perros pueden leer la energía mejor de lo que pueden comprender el tono y la modulación de nuestra voz. Comprenden mejor nuestro lenguaje corporal que nuestro lenguaje humano.

## Tercera Ley Natural Canina: Los perros son primeramente animales, luego una especie, luego una raza y finalmente un nombre.

Ahora que tenemos una noción de lo que es la energía, podemos comenzar a unir los componentes para tener una visión completa del perro. Pero no todos los componentes son iguales: debemos colocarlos en su orden adecuado.

Los perros son primeramente **animales**, luego una **especie**, luego una **raza**, y finalmente tienen un **nombre**. A menudo, los seres humanos cometen el error de pensar en esto al revés, comenzando con el nombre del perro, sin identificarlo, en esencia, como un animal.

### Cómo Se Comprende y Explica La Conducta

| Psicología Humana | Nombre › Raza › Especie › Animal |
|---|---|
| Psicología Canina | Animal › Especie › Raza › Nombre |

En la psicología canina, un perro es un animal ante todo. No es un ser humano. Cuando nos relacionamos con nuestros perros, especialmente al tratar de enmendar una conducta no deseada, es importante pensar en ellos primeramente como animales (mamíferos); luego como especie (perros, o *Canis lupus familiaris*), luego como una raza única (pastor alemán, husky, etcétera) con ciertas características o destrezas, y finalmente y con menor importancia, en su nombre (personalidad). Para tener un perro equilibrado y feliz, hay que respetar esas cualidades sobre ellos, en este orden.

Tomemos cada una de esas palabras y examinemos por qué funcionan en el orden que les he detallado.

Al pensar en un **animal**, pienso en la Naturaleza, el mundo salvaje y la libertad. Los animales viven en el presente y la vida es simple. Viven puramente en el momento y sólo conocen sus necesidades inmediatas. Los animales son instintivos. No son intelectuales ni espirituales. Sus necesidades básicas son techo, comida, agua y reproducción. Por lo tanto, cuando piense en su perro, piense en él como si fuera un perro. Primeramente, las necesidades básicas por encima de todo. La satisfacción de esas necesidades es el factor de motivación más fuerte de la vida de un perro.

Luego viene la **especie**. Los perros descienden de los lobos. Esta especie está enfocada en la orientación de la manada, en comunicarse y experimentar el mundo por medio de los sentidos, y comprender la posición y liderazgo de la manada. Todos los perros necesitan desempeñar un papel en la manada. Necesitan un empleo. Pueden ser protectores, cazadores o buscadores. Una vez que usted entienda sus necesidades instintivas como especie, podrá comenzar a entender la frustración de los perros cuando sólo pueden caminar un par de cuadras en su barrio, dos veces por semana. Su frustración es innata, y desarrollan complicaciones conductuales para compensar.

En tercer lugar está la **raza**. Después de que los seres humanos domesticaron a los perros, comenzaron a cruzarlos para favorecer rasgos genéticos y habilidades específicas.

Las razas son principalmente una creación humana. En mi fórmula, la raza representa las características que hemos alterado o perfeccionado genéticamente para que ciertos perros desempeñen determinadas tareas mejor que otros. Por ejemplo, los sabuesos son increíbles seguidores de olores; los galgos son corredores sorprendentes; los border collies son muy inteligentes; y los pastores alemanes son excelentes guardianes.

En la actualidad, éstas son casi todas tareas deseadas por los seres humanos, como el pastoreo, la búsqueda y la vigilancia. Estos rasgos diferentes pueden afectar la psicología y energía de un perro. En las diferentes razas existen niveles diversos de energía: perros de energía alta, media y baja que asumen las tareas específicas de sus razas con diferentes niveles de intensidad.

Hay diferencias determinantes en la inteligencia y rasgos de varias razas, y también existen muchas variaciones individuales entre los perros de una misma raza. Aunque a menudo generalizamos en lo que se refiere a las razas, debemos recordar que una raza en sí misma no basta para explicar cómo se comportan los perros o cuán "adiestrables" son. Por esta razón, este elemento está en el tercer lugar de la lista.

Finalmente, su perro tiene un **nombre**. Su perro no sabe ni necesita saber la diferencia si lo (o la) llama Sam, Fiona o Fido. El nombre es una creación humana, y condicionamos al perro a que lo aprenda. Usamos nombres para proyectar personalidad en los perros, pero la "personalidad" tal como la definen los seres humanos no existe en la psicología canina. No existe en las categorías de animal, especie ni raza. Darle a su doberman pinscher el nombre de "Rambo" no lo hará más agresivo, lo mismo que nombrar "Baby" a su terrier Yorkshire no implicará que la misma sea dócil ni que vaya a estar acostada todo el día como un bebé.

El reconocimiento de estas cuatro categorías —en ese orden— y la comprensión de sus influencias en la conducta son parte vital de tener un perro feliz y equilibrado.

 ## CUARTA LEY NATURAL CANINA:
## Los sentidos conforman la realidad del perro.

En el Capítulo 1, analizamos los principios de cómo el cerebro del perro y sus instintos innatos conforman su visión original del mundo. Aprendimos que como el perro percibe el mundo de forma muy diferente a los seres humanos, el mundo que experimenta el perro es muy distinto al que experimentamos nosotros. Para comprender la mente canina, tenemos que penetrar en un mundo instintivo diferente, pues está formado por los sentidos.

Los seres humanos experimentan el mundo principalmente por la vista: ven un mundo vibrante y lleno de color. Pero los perros lo sienten fundamentalmente por el olfato, seguido por la visión en tonos de gris, como si vieran un televisor en blanco y negro. Como las experiencias sensoriales de los seres humanos y los caninos son tan distintas entre sí, ¿cómo pueden experimentar el mismo mundo un perro y un ser humano? Experimentamos lo que *vemos*. Y el perro experimenta lo que *huele*. Los seres humanos se ven primero, y comienzan a formar opiniones y afinidades de acuerdo a lo que ven. Por su parte, los perros olfatean a un ser humano, usualmente a distancias superiores a 45 metros, y comienzan a conformar la comprensión de quién es esa persona basándose en el olfato.

## Jerarquía De Los Estímulos Sensoriales al Cerebro

| Jerarquía Humana | Jerarquía Canina |
| --- | --- |
| 1. Vista | 1. Olfato |
| 2. Tacto | 2. Vista |
| 3. Oído | 3. Oído |
| 4. Olfato | 4. Tacto |

Estas diferencias fundamentales entre los sentidos de un perro y un ser humano nos ayudan a dar explicación a una de las conductas más irracionales que he visto en los seres humanos cuando ven a un perro por primera vez: correr inmediatamente hacia el animal desconocido, e inclinarse para acariciarlo. Los seres humanos hacen esto porque el tacto es el segundo sentido más prominente. Pero se lo garantizo, si los perros pudieran hablar, dirían: «Aléjate, ser humano. Aún no te conozco».

En cierta ocasión se me pidió que comentara sobre lo que le ocurrió a Kyle Dyer, una presentadora de noticias de Denver, en el programa *Today*. Kyle, que adora a los perros, estaba cubriendo la historia del dramático rescate de un dogo argentino que cayó a un lago helado. Durante el segmento noticioso, Kyle acariciaba al perro. Cuando terminó la entrevista, se acercó a la cara del perro para despedirse. Lamentablemente, el animal la mordió mientras estaban todavía en el aire. Después de varias operaciones para reparar los daños infligidos a su labio y nariz, la presentadora volvió a trabajar, pero con una perspectiva diferente de cómo interactuar con un perro desconocido. Admitió en el programa *Today* que posiblemente había cometido un error: «Tal vez me acerqué demasiado; o el perro estaba perturbado».

Este error se repite miles de veces al día porque a los seres humanos nos encanta tocar. Pero yo tengo una técnica más simple y respetuosa para acercarse a un perro por primera vez. El método "No tocar, No hablar, No mirar a los ojos" les da a los perros la oportunidad de olfatearlo y conocerlo primero antes de permitirle a usted entrar en su espacio personal.

Cuando use el método "No tocar, No hablar, No mirar a los ojos", recuerde que debe mantener su energía calmada y asertiva. Concéntrese en las personas que le rodean e ignore al perro mientras olfatea sus pies y sus piernas. No lo toque e ignórelo. No lo mire ni le hable. Deje que lo conozca a usted primero. Cuando él tenga la información que busca, se alejará o adoptará un estado tranquilo y sumiso frente a usted.

Antes de prestarle atención al perro, pídale permiso al dueño para comunicarse con él. En este momento, mírele y háblele. Si él se le acerca, extiéndale el puño cerrado con los dedos hacia arriba, para que lo olfatee. Si no muestra señales de ansiedad o agresividad, entonces podrá acariciarle, teniendo en cuenta que siempre es buena idea tocar a un perro desconocido rascándole el pecho o el costado de su hombro. Algunos perros pueden percibir un toque sobre su cabeza o cuello como una agresión. Mientras se conocen, la forma más segura de tocar será la más inteligente.

"No tocar, No hablar, No mirar a los ojos" se puede usar en muchas situaciones. Por ejemplo, es efectivo para lidiar con sus propios perros cuando están demasiado excitados o ansiosos. Si su perro comienza a saltar o a girar alocadamente cuando usted regresa a casa, el "No tocar, No hablar, No mirar a los ojos" le enseñará que usted no recompensará con su atención una conducta tan excitada. Si es consecuente y no reconoce a su perro hasta que haya alcanzado un estado tranquilo y sumiso, entonces podrá reducir o eliminar el saludo hiperactivo a su regreso.

También es importante enseñarles a sus visitantes el método "No tocar, No hablar, No mirar a los ojos". Es muy común que a la gente no le importe si los perros de sus amigos le saltan encima, pero en su casa debe ser constante con las reglas. No se le debe permitir al perro que le salte encima a usted o a sus familiares, ni tampoco a ningún otro ser humano. Esto también le puede proporcionar tranquilidad mental, pues así evitará situaciones que podrían agravarse si una persona no sabe acercársele adecuadamente a un perro.

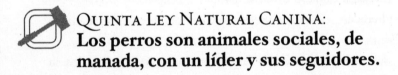

## Quinta Ley Natural Canina:
## Los perros son animales sociales, de manada, con un líder y sus seguidores.

Comprender cómo los perros han evolucionado durante miles de años hasta transformarse en nuestra compañía para toda la vida es un componente importante para entender el comportamiento canino. La Madre Naturaleza seleccionó al perro como la especie extraída de la vida salvaje para que fuera el mejor amigo del hombre. Los perros lograron esto buscando formas de ayudar a los seres humanos. Desde ayudarnos a cazar, pastorear y proteger hasta convertirse en símbolos de riqueza, estatus y nobleza. Pasaron a ser —y siguen siendo— los animales favoritos de los seres humanos.

La evidencia encontrada en restos de fósiles y en estudios genéticos respalda la creencia de que los perros modernos descienden de una pequeña subespecie de lobos que habitaron en el Cercano Oriente, hace aproximadamente 20,000 años. El perro doméstico tiene 78 cromosomas, la misma cantidad que el lobo. Es probable que los perros fueran domesticados partiendo de varias razas diferentes de lobos. Con el paso de las eras, estos animales se cruzaron con diferentes tipos de híbridos de lobos y perros salvajes, lo cual cambió su conjunto de genes y dio como resultado las grandes variaciones genéticas existentes en los perros actuales.

El perro moderno no se parece en lo más mínimo a sus ancestros lupinos. El cruce realizado por los seres humanos ha significado que, mediante la evolución, los perros tengan dientes más pequeños y mandíbulas más cortas que los lobos, lo cual disminuye su capacidad de cazar y matar a la presa. Pero los perros sí heredaron la organización social evidente en las manadas de lobos.

Las manadas de lobos funcionan como grupos, y todos sus integrantes trabajan para lograr el mismo objetivo. Para que el grupo funcione de la mejor manera posible, la sociedad de manadas siempre ha permitido el desarrollo de diferentes "personalidades".

Todos desempeñan un papel: un lobo puede ser el mejor cazador, mientras que otro puede ser el mejor estratega o mejor defensor.

*Dos primos lejanos: un lobo gris y un maltés posan para una foto "familiar".*

Esta mentalidad de "manada" no sólo es evidente en lobos y perros. Los seres humanos también tenemos algunas de las mismas estructuras sociales existentes en las manadas, tales como la definición de roles para varios miembros de la "manada" y la solución de problemas en cooperativa. Es importante que usted desempeñe el papel de Líder de la Manada en su casa y que proyecte una energía tranquila y asertiva. Si no existe el papel de Líder de la Manada, no pasará mucho tiempo antes de que su perro o algo más lo asuma.

Una tarde, mientras le impartía una clase sobre liderazgo de manada a un grupo de 40 alumnos en el DPC, me llamó la atención una mujer que tenía una terrier Jack Russell. La perra estaba descontrolada y quería ir detrás de todo lo que se moviera en el aula. La pobre mujer estaba tan concentrada en controlar a su perra que no podía atender a la clase. Entonces la llamé y le pedí que pasara con su perra al frente del aula. Luego usé una tortuga que teníamos en el centro para ilustrar mi lección sobre liderazgo de manada. La perra trató de atacar a la tortuga. Y no cedía en su intento, lanzándose una y otra vez sobre la pobre y lenta tortuga que lo único que quería era alejarse lo más posible de aquella perra nerviosa y agresiva. Procedí entonces a atar la correa de la perra alrededor de la tortuga, y ésta comenzó a halar a la perra hacia delante. Algo sorprendente comenzó a suceder: la perra comenzó a seguir a la tortuga, quien le transmitió su lenta y deliberada energía, de manera que la perra parecía más calmada y menos agitada. La lección para todos fue que, en ausencia de un Líder de la Manada fuerte, los perros pueden convertirse en líderes, o dejar que otros animales o personas asuman ese papel.

Las manadas tienen papeles que desempeñar, y también un orden. Una de las causas más comunes de inestabilidad canina se produce cuando un ser humano cambia sin darse cuenta el orden natural de la manada. Una persona puede elegir a un perro de poca energía, de personalidad alegre y despreocupada, que es feliz estando en la retaguardia de la manada, y tratar de convertirlo en un líder o en un guardián, o de darle otro papel inadecuado. ¿Con cuánta frecuencia ha escuchado a alguien quejarse de que "A mi perro podría pasarle un ejército por encima, sin darse cuenta ni ladrar"? Lo que estas personas no entienden es que el papel de su perro no es el de protector, y que lo están obligando injustamente a ir en contra de sus instintos y del orden natural. Lo importante de esto es conocer a su perro y saber cuál es su posición en la manada.

Todas estas Leyes Naturales Caninas conforman los cimientos de su vida con un perro feliz. Esté consciente de los instintos y la energía; comprenda el sitio único de su perro en el mundo; respete sus sentidos; y respete su necesidad de estar en una manada. Al reconocer y adoptar estas cinco leyes simples, podrá tener la disposición mental adecuada para ver en su perro la criatura sorprendente que es. Ahora que puede reconocerlo, es hora de encontrar el equilibrio.

# CAPÍTULO TRES

# Nueve principios sencillos para tener un perro equilibrado

Una vida más feliz con su perro se convierte en algo fácil de alcanzar cuando usted logra verlo como el perro que es y respeta su perspectiva canina única. Ahora usted es realmente capaz de apreciar las diferencias en la forma que los seres humanos y los perros perciben e interactúan con el mundo. Y equipado con esos conocimientos, puede pasar a ocupar la posición adecuada de Líder de la Manada.

Cuando combiné mi conocimiento del cerebro de un perro con la aceptación de las Leyes Naturales Caninas, surgió un poderoso conjunto de Principios Fundamentales. Estas lecciones claves son mi arma secreta para crearle equilibrio a cualquier Líder de Manada, desde aquel que ha tenido perros durante años, hasta el que acaba de comenzar. Independientemente de su experiencia, los seres humanos deben entender que un perro equilibrado vive como lo haría en la Naturaleza, conociendo su lugar en la manada, lo que se espera de él, y mostrando una energía tranquila y sumisa. El perro sigue al Líder de la Manada y no se comporta indebidamente. Para llegar a ese punto, los seres humanos deben acatar y practicar estos nueve Principios Fundamentales. Estas herramientas instintivas conforman el centro de la creación de una vida equilibrada para usted, para su familia y para su perro.

Cuando usted logre el objetivo de equilibrar a su perro, disfrutará de una relación totalmente diferente. Podrán comunicarse instintivamente y comprender las necesidades mutuas. Usted y su perro estarán en sintonía uno con el otro de una forma más profunda y gratificante, y usted conocerá los beneficios de introducir energía tranquila y asertiva en todos los aspectos de su vida.

## PRINCIPIO FUNDAMENTAL #1:
## Estar consciente de su energía.

En el Capítulo 2, aprendimos que la energía lo es todo. Es la forma mediante la cual los seres humanos y los animales se presentan ante el mundo, y se muestra mediante el lenguaje corporal, la expresión facial y el contacto visual (o su carencia). En los seres humanos, es una forma secundaria de comunicación, después del lenguaje. Pero en los perros, es la forma principal. Un perro puede ejercer dominio sobre otro al moverse con energía tranquila y asertiva y reclamar el espacio. Los perros no dicen "Con permiso", "Por favor" ni "Gracias" con palabras. Si mantienen una energía tranquila y asertiva, no necesitan hacerlo.

Los seres humanos contamos con palabras y recurrimos a ellas ya sea para comunicarnos oralmente o por escrito. Debido a la capacidad intelectual que tenemos para el habla, resulta fácil que perdamos contacto con nuestra energía, y que no tengamos idea de lo que estamos proyectando al mundo. No obstante, a pesar de nuestra dependencia del lenguaje, captamos la energía ajena aun sin darnos cuenta y esto afecta nuestro mensaje. ¿Ha escuchado alguna vez a una persona dar un discurso en un tono monótono y carente de entusiasmo? Independientemente de lo emotivas o lo bien redactadas que sean las palabras, un interlocutor así aburrirá a morir a su público.

Por el contrario, una persona que proyecta una energía confiada y entusiasta podrá persuadir a un grupo de personas para que siga la idea más estúpida jamás concebida. ¿Por qué? Porque, insisto, su energía ejerce una influencia sobre los que escuchan, estén o no conscientes de ello.

Frecuentemente cuando trabajo con clientes, éstos no tienen ni idea de que están proyectando energía nerviosa o débil hasta que se los señalo. No están en sintonía con su propia energía, y por ende no tienen idea de por qué su perro reacciona ante ellos de la forma que lo hace. Pero debido a que los perros se comunican fundamentalmente con energía, pueden "entender" a un ser humano en un segundo. Estoy seguro de que usted habrá notado que algunas personas atraen a los perros de forma natural, mientras que otros los espantan nada más verlas. A los perros siempre les atraerá la energía tranquila y asertiva. De igual manera, siempre evitarán la energía débil, nerviosa o desequilibrada.

Para tener éxito como Líder de la Manada —y como persona en general— debe estar consciente de su energía y aprender a ajustarla cuando no está en un estado de ánimo tranquilo y asertivo. Deténgase un momento ahora mismo y preste atención a cómo se siente emocionalmente. Luego, fíjese en la posición de su cuerpo. Usualmente, su lenguaje corporal reflejará su estado emocional, esté consciente o no de ello. Si en este instante se siente nervioso o incómodo, es probable que su cuerpo esté tenso. Si se siente inseguro, posiblemente estará encorvado o con los hombros caídos.

El lenguaje corporal puede influir en su estado emocional, y usted puede avanzar enormemente en la creación de una energía tranquila y asertiva si está consciente de su postura. Párese derecho, con la cabeza en alto, los hombros hacia atrás y el pecho erguido.

Mantenga ambos pies bien colocados sobre el suelo. Evite cruzar los brazos o meter las manos en los bolsillos. Inhale profundamente y suelte el aire despacio. Mantenga esta postura durante algunos minutos, concentrándose en su respiración mientras trata de eliminar de su mente pensamientos aleatorios. Si es seguro hacerlo, cierre los ojos y concéntrese en lo que huele y oye. Verá que recupera la calma de forma natural. Recuerde la sensación y el lenguaje corporal, y luego ponga en práctica la capacidad de adoptar ese estado cuando lo desee o necesite.

En la Naturaleza, cuando un perro dentro de una manada muestra una energía excitada o desequilibrada, toda la manada lo interpreta como una señal de peligro inminente. Es notable la rapidez con la que una manada de perros que duermen se pone en pie y pasa a un estado de alerta intenso cuando uno de sus integrantes ladra, y cómo, de la misma manera notable, se tranquilizan cuando el Líder determina que no hay amenaza y regresa al estado tranquilo y asertivo. Cuando se trata de su perro, puede ver, por lo tanto, la importancia de no caer en un estado de energía inestable. Si lo hace, enviará el mensaje de que algo no anda bien. Tal vez ni siquiera esté consciente de los mensajes que está enviándole a su perro. Por eso es tan importante estar al tanto de su propia energía, y controlarla. Mientras no pueda controlarse a sí mismo, no podrá controlar a su perro.

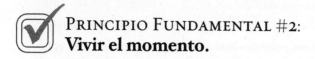

## PRINCIPIO FUNDAMENTAL #2:
## Vivir el momento.

Probablemente los seres humanos son únicos entre los animales por su capacidad de soñar despiertos y fantasear, algo que hacemos constantemente. Mientras lee este libro, es probable que se haya acordado de lo que desayunó esta mañana, o de que tiene que comprar bombillas la próxima vez que salga.

Si no lo ha hecho recientemente, probablemente lo acaba de hacer o lo está haciendo ahora mismo. Y si no es cuidadoso, tendrá que releer el resto de este párrafo porque se perdió en sus pensamientos. Voy a esperar a que usted vuelva de ese viaje mental y esté listo para seguir leyendo.

No estoy seguro de que exista alguna ventaja evolutiva en la tendencia humana de vivir simultáneamente en el pasado, el presente y el futuro, pero sí tengo la certeza de que lo hacemos en virtud de nuestras destrezas de lenguaje altamente desarrolladas. Podemos revivir nuestros mejores momentos, soñar con unas vacaciones ideales, o ensayar el discurso que pronunciaremos ante nuestro jefe con la esperanza de un aumento salarial.

Con esto no sugiero que los animales carecen de conexión con el pasado y el futuro. Un perro que comió cebollas en una ocasión y se enfermó seriamente, por ejemplo, saldrá disparado ante el simple olor a cebolla. Una ardilla que acumula nueces en su nido sabe que están destinadas a comerse más adelante, pero no piensa conscientemente: "Las comeremos en la cena del martes por la noche".

En ambos casos, el pasado y el futuro son influencias secundarias sobre lo que ocurre en este instante. Después de la mala experiencia con las cebollas, el perro no transita por los pasos mentales de: "Huele a cebolla. Oh, recuerdo aquella vez que comí cebolla y me sentí tan mal. Mejor salgo corriendo de aquí". El proceso mental es instintivo e instantáneo. La experiencia con las cebollas dejó una impresión lo suficientemente importante como para que el estímulo induzca a la fuga sin un proceso lógico subyacente. De igual manera, el perro no va a pasarse el tiempo pensando: "Espero no tropezarme con más cebollas hoy". No piensa en cebollas hasta que las mismas se conviertan en una realidad presente del "aquí y ahora".

Como seres humanos que somos, olvidamos que los perros viven el momento, y esto puede ser un obstáculo para la rehabilitación y el adiestramiento.

Los perros que experimentan la pérdida de un miembro, el oído o la vista no se lamentan de su desgracia, sino que aprovechan las destrezas que les quedan, y no pierden tiempo en sentir lástima de sí mismos. Debido a nuestra obsesión humana con el pasado, nosotros somos los que revivimos los antiguos traumas del perro para luego abrumarlo con compasión y afecto que, en la mente del perro, son inmerecidos.

Los perros no son rencorosos ni recuerdan agravios del pasado. Incluso en el caso de dos perros que no se llevan bien y pelean cada vez que se ven, ningún incidente recordado del pasado provoca otra pelea. Es más bien el ver al otro perro lo que desencadena el recuerdo instintivo, pero, incluso entonces, los perros no se enfrentarán hasta que uno de ellos interprete que el otro está haciendo algo que considera agresivo. Una vez terminada la pelea, no experimentarán resentimiento, ni harán planes para matar a su contrincante mientras duerme. Algo totalmente opuesto a los resquemores humanos, donde un insulto (real o imaginario) puede provocar años de enemistad y rencores.

Esta forma natural de vivir el momento es lo que posibilita la rehabilitación de los perros. Como no se atan al pasado ni se preocupan por el futuro, tienen una mente abierta y aprenden constantemente en el presente. No se resienten al ser corregidos o disciplinados, porque, una vez que se terminó, es parte del pasado. Los perros lo asocian con el momento en que ocurrió, y luego se olvidan. Esta es una de las lecciones más poderosas que podemos aprender de los perros. Obsesionarse con el pasado o futuro puede desencadenar muchas emociones negativas: resentimiento, arrepentimiento, ansiedad, temor o envidia. Dejar atrás lo que pertenece al pasado y lo que no podemos controlar es el camino a nuestra propia satisfacción en el "aquí y ahora". También es otra forma de ser que le ayudará a tener una relación equilibrada con su perro.

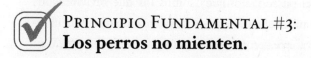

## Principio Fundamental #3:
## Los perros no mienten.

Durante el rodaje de *El encantador de perros* trabajé con gran cantidad de familias en la rehabilitación de más de 400 de sus perros. Antes de conocer a esas personas, les pedí a los integrantes de mi equipo que no me revelaran el problema o situación. No tener información previa a la hora de conocer al perro por primera vez y de hablar con la familia fue esencial para llegar a la raíz del conflicto en el núcleo familiar. En casi todos los casos, las familias me contaban "la historia" de lo que estaba ocurriendo, pero los perros fueron los que me dijeron "la verdad". La energía de un perro es honesta en su totalidad. Con sólo observar al perro puedo obtener una buena noción de cuál es la situación real.

Los seres humanos tenemos una gran habilidad para narrar historias, y por eso nos las contamos a nosotros mismos. Por favor no me malinterpreten. No creo que ninguna de esas personas haya sido intencionalmente deshonesta al expresar sus sentimientos o emociones, o lo que consideraban que era el problema. No lo hacían con la intención de ser maliciosos sino de protegerse a sí mismos. Cuando los humanos no aceptan la verdad de lo que está pasando en su interior, la tarea de ayudar a sus perros se vuelve más complicada. Los casos más difíciles con los que me enfrento son aquellos en los que el ser humano se niega a admitir sus errores y atribuye una compleja explicación a la mala conducta de su perro. Los únicos casos que no pude resolver fueron aquellos en los que los seres humanos nunca llegaron a superar su estado de negación.

En una ocasión les expliqué la diferencia entre "verdad" e "historia" a un grupo de estudiantes que asistían a la clase de principios fundamentales del curso Traning Cesar's Way (adiestramiento a la manera de César) en el Dog Psychology Center. Para ilustrar mi concepto, decidí usar una situación de la vida real. En el aula había una mujer a quien llamaremos "Ana". Ella tiene un perro de terapia de nombre "Monarch", uno de los perros más amables y sensibles que puedan existir.

Estas son las mismas cualidades que lo hacen perfecto para el trabajo que realiza.

Ana dijo: «Monarch y yo tenemos un problema de comunicación. Él no siempre hace lo que le ordeno, y se muestra muy tímido cuando le doy orientación». Esta era la historia humana de Ana sobre lo que estaba ocurriendo. Pero su lenguaje corporal y su energía me expresaron otra diferente.

Era obvio para los demás estudiantes que Ana estaba muy preocupada por la forma en que Monarch reaccionaba a ella. Sus ojos no se apartaban de Monarch, pendientes de todas sus reacciones. No se movía con soltura ni confianza. Además, sostenía la correa muy corta, para que Monarch tuviera que mantenerse a su lado. Estaba compensando excesivamente aquello que consideraba como la indiferencia de Monarch a sus órdenes.

La verdad subyacente en aquella situación era que Ana no confiaba en Monarch, y éste lo sabía. Ahora, piense en esto por un instante: ¿Seguiría usted a una persona o líder que le demostrara desconfianza? Ana era demasiado tímida, demasiado temerosa, y estaba proyectándole esa energía a su perro. Como Monarch es un perro adiestrado para el trabajo terapéutico, es en extremo sensible a los seres humanos, y especialmente susceptible a la conducta de Ana.

Cuando tomé la correa de Monarch, la sostuve delicadamente con dos dedos. Con calma y confianza le di al perro órdenes no verbales, con movimientos del cuerpo. Monarch me siguió sin vacilación. Luego le quité la correa completamente y Monarch volvió súbitamente a la vida. Aquel perro de terapia tímido e indeciso se transformó en una criatura feliz pero tranquila y sumisa. Siguió cada orden con placer. Los estudiantes aplaudieron y Monarch se sentó sobre sus patas traseras y luego se acostó boca arriba, la máxima señal de sumisión y confianza. Ana tenía que olvidarse de su historia y enfrentar la verdad. Sólo entonces podría ayudar realmente a su perro. Usted puede practicar el análisis detallado de la diferencia entre historia y verdad con un amigo o cónyuge. Escriba lo que considera la causa de una situación o contrariedad en su hogar. Luego, participe en una conversación honesta sobre las causas de esa contrariedad. Anótelas para que todos las vean y analicen. Vaya separando las causas como si estuviera pelando una cebolla hasta que llegue a la fría y dura verdad sobre lo que está ocurriendo realmente, y lo que está provocando verdaderamente el conflicto. Aunque este ejercicio puede ser intimidante, el resultado final será la libertad y el desahogo. En muchos de los casos de *El encantador de perros* en los que los participantes pudieron salir del estado de negación, sus historias concluyeron usualmente con lágrimas humanas, suspiros de alivio y un perro rehabilitado.

 ## Principio Fundamental #4: Trabajar con la Madre Naturaleza, no en su contra.

Esto ya lo analicé en el Capítulo 2, pero siempre vale la pena repetirlo. Es necesario considerar al perro en este orden: animal, especie, raza y finalmente, nombre. Los dos primeros forman parte de lo que es un perro por naturaleza, mientras que los otros dos fueron creados por los seres humanos. Los animales viven y lidian con la Naturaleza todos los días. Para triunfar y sobrevivir, todos los animales —desde las ratas hasta las águilas— deben seguir las leyes naturales. Aunque los seres humanos hemos olvidado las leyes de la Naturaleza porque nos hemos protegido de las consecuencias de violarlas, eso no quiere decir que estemos exentos de ellas.

Si usted reside en un país moderno, del "Primer Mundo" o del "Segundo", le resultará muy fácil perder el contacto con la Naturaleza. Su vivienda lo protege de los elementos. Probablemente se traslada de su hogar a su trabajo en un automóvil u otra forma de transporte público.

Su próxima comida está tan cerca como el refrigerador, el supermercado o el restaurante al final de la calle. Los únicos momentos en los que se da cuenta de la existencia de la Naturaleza probablemente son cuando hay inclemencias del tiempo, o cuando recoge los desechos del perro durante sus paseos.

Nada de lo anterior es natural para un perro, sin embargo hemos "trasplantado" a estos animales de manadas salvajes a nuestro hogar. En la Naturaleza, la vida del perro es muy simple. Como sus realidades están formadas principalmente por los sentidos, viven minuto a minuto, y todo se concentra en lo que necesitan para sobrevivir: techo, comida, agua, y, en su correspondiente temporada, el apareamiento. Recorren su territorio con la manada en busca de satisfacer esas necesidades. A los perros no les preocupa el futuro ni se remontan al pasado. Existen en el momento, lo cual puede ser algo muy difícil de comprender por los seres humanos, especialmente con el estrés de la vida moderna. Recuerde que nosotros conformamos nuestra realidad mediante creencias, conocimiento y memoria.

Si quiere saber realmente lo que es vivir el momento, trate de vivir en la calle durante unos meses. Yo lo hice cuando llegué a los Estados Unidos, y resulta interesante la rapidez con la que se deja de vivir en el pasado o soñar con el futuro cuando las mayores preocupaciones son de dónde saldrá la próxima comida y dónde se dormirá en la noche. Cuando lo describo así, se podría pensar que un perro apreciaría vivir en una casa con suministro constante de alimentos, pero los perros no pueden racionalizar sus instintos como los seres humanos. Se puede sacar al perro de la Naturaleza, pero no se puede sacar la Naturaleza del perro.

Como especie, los perros son un tipo específico de animal que lidia con la Naturaleza de forma particular, pues ha heredado de los lobos su naturaleza de manada. En el ámbito de la especie, los perros son diferentes a los venados, los tigres, las llamas, y los seres humanos. Sus necesidades giran en torno a las necesidades de la manada, y ésta sólo seguirá a un líder tranquilo y balanceado. Cualquier miembro de la manada que se desequilibre se le prestará atención en forma inmediata, será corregido si es posible, y si no, se le dará muerte o se le expulsará del grupo.

Es por esa razón que el liderazgo estable es tan importante para un perro, además de la satisfacción de las necesidades físicas. La necesidad de liderazgo está programada en los genes del perro, y existe a un nivel primordial e instintivo. Cuando las especies o animales son separados de la Naturaleza al ser domesticados, es especialmente importante que se satisfagan sus necesidades físicas y psicológicas. Si no se le da comida a un perro, morirá de inanición. Si no se satisface la necesidad de liderazgo y orientación del perro, se producirá el equivalente canino de la neurosis humana, y hasta posiblemente la enajenación mental.

Los perros necesitan mantener su conexión con la Naturaleza, y podemos ayudarlos a lograrlo estando conscientes de las Leyes Naturales Caninas explicadas en el Capítulo 2. El aspecto maravilloso de esto es que nosotros también podemos conectarnos, por medio de nuestros perros, con esa parte instintiva nuestra con la que hemos perdido el contacto. Busque algún sitio alejado del mundo moderno, aunque se trate sólo de un gran parque urbano, váyase de paseo con su manada y experimente el mundo como lo hace su perro, conformando su realidad a través de sus sentidos. La reconexión con la Madre Naturaleza le aportará equilibrio a su manada, mientras usted y su perro aprenden uno del otro.

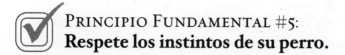

## PRINCIPIO FUNDAMENTAL #5:
## Respete los instintos de su perro.

He escrito sobre los perros como animales y los perros como especie, los dos aspectos naturales de su ser. Pero la raza, uno de los dos aspectos creados por los seres humanos desempeña un importante papel en la conformación de los instintos de su perro. Las razas surgieron del apareamiento selectivo, y la diversidad de las razas caninas es sorprendente, pues abarca desde perros minúsculos como los Yorkies y los Chihuahuas por un lado, hasta llegar a razas gigantescas como el Gran Danés o el San Bernardo. En ocasiones resulta difícil de creer que animales tan diversos procedan incluso de la misma especie. Las razas fueron creadas por diferentes razones: algunos fueron cruzados para ser acompañantes, algunos para pastoreo y otros como protectores. Pero cada raza fue cruzada para extraer y enfocarse en instintos deseados y así crear perros que ejecutaran tareas particulares a la perfección.

Ahora bien, aunque los aspectos de animal y especie de los perros son comunes para todos, la raza puede afectar la conducta en ocasiones, y a veces también es necesario considerar la raza a la hora de trabajar con un perro, ya sea para adiestrarlo dándole un trabajo apropiado o para rehabilitarlo. Sin embargo, tenga en cuenta que la raza es "sólo el traje". Mientras más pura sea la raza de un perro, con mayor intensidad mostrará las características e instintos inherentes a ésta. Pero si se satisfacen sus necesidades como animal y especie mediante el paseo y usando mi fórmula de satisfacción, se reducirán al mínimo las malas conductas relacionadas con la raza.

Esto no quiere decir que se debe ignorar por completo la cuestión de la raza. En realidad, puede ser una experiencia agradable tanto para perros como para seres humanos el participar en actividades apropiadas a la raza. En casos de malas conductas provocadas por instintos relacionados con la raza, esto es esencial.

Siete grupos básicos de perros —deportivos, sabuesos, de trabajo, pastores, terriers, de juguete y no deportivos— se cruzaron durante siglos para varias funciones. Usted puede satisfacer cada una de sus necesidades específicas en formas ligeramente diferentes.

Los perros pertenecientes al grupo deportivo se cruzaron para asistir en faenas de caza, ya sea para señalar o hacer salir la presa, o para recuperar la caza, particularmente las aves acuáticas. Entre las actividades apropiadas para este grupo están los juegos que simulen el hallazgo o la recuperación de la presa. A los perros de señalización, se les puede mostrar un objeto con un olor familiar, y luego ocultarlo. Recompénselo cuando lo "señale", aunque no deje que lo recupere, porque esto puede estimular su afán por la presa. En el caso de los spaniels, déjelos localizar el objeto. Y en el de los recuperadores o retriever, deje que le traigan el objeto.

Los perros pertenecientes al grupo de los sabuesos también fueron cruzados para cazar, pero a diferencia de los que con-

*Los juegos que incluyen la señalización son atractivos para
los instintos deportivos naturales de este perro.*

forman el grupo deportivo, los sabuesos cazan y persiguen, y sus
presas son usualmente mamíferos y no aves. Los sabuesos se divi-
den en dos grupos: de olfato y de rastreo. Usted puede satisfacer
las necesidades de los primeros con el juego de "las prendas fugi-
tivas", que consiste en mostrarle al perro prendas de vestir con
olores familiares de la manada humana, y luego ocultarlos a lo
largo de la ruta acostumbrada de paseo. Recompénselo cada vez
que encuentre una prenda.

Por su parte, los sabuesos de rastreo, acostumbrados a cazar
desde largas distancias, son corredores naturales y candidatos
idóneos para remolcarlo cuando patina o para correr junto a
usted cuando va en bicicleta. Sin embargo, tenga en cuenta

que los sabuesos de rastreo son corredores de velocidad, no de distancias, por lo que deberá acostumbrarse a carreras cortas y rápidas seguidas de una caminata a ritmo más regular.

Los perros que pertenecen al grupo de trabajo fueron cruzados cuando los seres humanos hicieron el cambio de un estilo de vida de caza y recolección a vivir en aldeas, y su nombre es una excelente descripción de su propósito. Estos perros se usaron por su tamaño y fortaleza para proteger, halar y rescatar. Naturalmente, como son idóneos para halar, dejarlos remolcar un carrito durante su paseo le da un uso ideal a ese instinto. Recuerde que los perros de trabajo no consideran la acción de halar como una tarea, sino como un desafío físico y psicológico que les hace sentir útiles y estimados.

El grupo de pastoreo, con su instinto de controlar los movimientos de otros animales, es excelente por naturaleza en esa labor. Sin embargo, si no tiene a mano un rebaño de ovejas o reses, no se preocupe. Estas razas también rinden al máximo en el adiestramiento de agilidad, y, cosa rara, son campeones mundiales en la captura del disco volante (o frisbee).

Los perros que pertenecen al grupo de los terriers se cruzaron para perseguir presas pequeñas, frecuentemente siguiendo roedores hasta sus madrigueras para matarlos. Aunque son más pequeños, proceden de los perros de trabajo y pastoreo, y muchas de las tareas que satisfacen a estas razas funcionan en los terriers, particularmente en los de mayor energía.

El grupo de perros "de juguete" puede haber sido cruzado originalmente para cazar animales muy pequeños, pero las evidencias indican que se convirtieron rápidamente en animales de compañía. La imagen de una mujer acaudalada con un terrier *teacup* en su bolso no es nada nuevo. Este grupo surgió de la tendencia humana de enamorarse de animales bellos que recuerden formas juveniles.

Con sus caritas pequeñas y sus ojos grandes, los perros de juguete encajan perfectamente en esta descripción. Aunque los miembros del conglomerado de "perros de juguete" fueron cruzados a partir de varios grupos, no se les asignaron tareas específicas. Por esa razón, es aun más importante que los trate como animales y perros primero. Este grupo, más que ningún otro, está compuesto por perros a quienes se les debe permitir ser perros. Usted no le hace ningún favor a su perro de juguete llevándolo cargado a todas partes. Saque al perro del bolso y colóquele su correa para que pueda ser un perro y camine con sus propias patas.

Finalmente, el grupo no deportivo es un tipo de definición amplia que también podría considerarse como "ninguno de los anteriores". En este grupo están los poodles, bulldogs, terriers de Boston, los bichon frisé, los bulldog franceses, los Lhasa apso, los shar-pei, los chow chow, los Shiba Inu y los dálmatas. Dependiendo la raza específica, se puede buscar una actividad apropiada en las de los grupos precedentes. Aunque las razas caninas son diversas y se crearon para desempeñar varias tareas, recuerde que todos los perros necesitan alguna forma de ejercicio, preferiblemente mediante el paseo. Las sugerencias explicadas a continuación tienen el propósito de propiciar más oportunidades de estrechar lazos con su perro, así como propuestas de rutas para la rehabilitación si aún persisten los problemas, particularmente aquellos influidos por los instintos naturales de su perro.

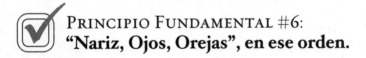

# Principio Fundamental #6:
## "Nariz, Ojos, Orejas", en ese orden.

Como hemos aprendido ya, los perros son instintivos y su realidad está formada por sus sentidos.El sentido más fuerte del perro es el olfato, seguido por la vista y luego el oído, y esto obedece al orden de desarrollo de estos sentidos en un cachorro.

Los perros aprenden más del mundo por su nariz. También hemos aprendido que los seres humanos se acercan al mundo por la vista primero y el olfato al final, por lo que nos resulta fácil olvidar este principio. Sin embargo, éste es uno de los elementos más importantes que debe recordar en su relación con cualquier perro, sea o no de su propia manada.

Los seres humanos y los perros han compartido el mismo espacio durante tanto tiempo —10,000 o posiblemente 20,000 años— que para los humanos es una reacción casi automática el saludar a un perro recién conocido como lo harían con otras personas. Estoy seguro de que la mayoría de ustedes lo ha hecho. Cuando va a visitar a un amigo y ve por primera vez a su nuevo perro, le da un efusivo "¡Hola!" y unas palmaditas en la cabeza en cuanto entra a la casa. Incluso se agacha para que el perro le pase la lengua por la cara. Después de todo, sería una falta de cortesía ignorarlo, ¿cierto?

Pues en realidad no es así. Si inicialmente ignora a un perro desconocido, no incurre en una falta de cortesía, más bien está siendo considerado con sus necesidades. Después de todo, usted es una persona nueva y eso puede ser intimidante para él. Cuando usted entra por primera vez en su territorio, él no sabe si usted es amigo o enemigo. Un perro bien equilibrado observará al Líder de la Manada en busca de pistas y actuará de acuerdo a ellas. Al mismo tiempo, tratará de saber quién es usted mediante sus sentidos: Nariz, Ojos, Orejas, en ese orden.

Lo primero que hará probablemente es olfatearle los pies al nuevo ser humano con el que se encuentra. Al hacerlo, el perro está conociendo su olor y sintiendo su energía. Mientras lo olfatea, la práctica del método de "No tocar, No hablar, No hacer contacto visual" garantizará que el encuentro ocurra sin percances. Esta práctica respeta la forma en que el perro percibe el mundo, respeta su espacio, y le da tiempo a explorarlo primero (vea el Capítulo 2).

Es muy importante recordar y usar este Principio Fundamental, pues afectará casi todas las interacciones que usted tendrá con su perro; desde la primera vez que se encuentran, hasta sus ires y venires cotidianos en casa.

Pero dedique un momento a observarlo mientras pasea para ver a qué estímulos responde. ¿Cómo afecta a su cuerpo y energía un olor interesante? ¿Qué tipo de imágenes y sonidos le atraen? Con esta cuidadosa observación aprenderá mucho sobre su perro; y mientras más conozca a su perro y cómo él ve el mundo, mejor Líder de la Manada podrá ser.

 PRINCIPIO FUNDAMENTAL #7:
## Aceptar la posición natural de su perro en la manada.

En la Naturaleza existen tres posiciones en la manada canina —al frente, en el centro, y detrás— y cada perro gravitará a su posición natural. Los más débiles se agruparán en la retaguardia, los más dominantes en el centro y los líderes de la manada siempre irán al frente.

Cada posición tiene su propia función dentro de la manada. Los perros ubicados en las tres posiciones colaboran en la búsqueda de comida y agua, asegurando la supervivencia de la manada y defendiéndola de cualquier peligro. Los perros que van al frente (incluyendo al líder) le proporcionan orientación y protección al grupo. Ellos determinan adónde irá la manada y la defenderán de cualquier peligro desde el frente. Por su parte, los que van detrás están atentos principalmente para alertar de los peligros que se acerquen por la retaguardia, y su función es avisarle al resto de la manada. Finalmente, los que van al centro son mediadores, y establecen la comunicación entre la retaguardia y la vanguardia.

Todas las funciones son importantes. Sin los perros que van al frente, los de atrás no saben adónde van.

Sin los perros que van detrás, los que van al frente no podrán detectar los problemas que surjan en la retaguardia. Y si los perros del centro no transmiten los mensajes, la vanguardia y la retaguardia de la manada estarán aisladas entre sí.

El líder canino de la manada puede olfatear la presencia de agua dulce y presas al otro lado de un bosque oscuro y tenebroso, y encabezar la marcha en pos de ambas. Entretanto, los que van detrás sólo saben que están entrando en un bosque oscuro y tenebroso. Su reacción normal sería alertar del peligro y comenzar a ladrar. Los perros que van al centro sienten la energía tranquila procedente del frente de la manada, y a su vez tranquilizan a los perros atemorizados de la retaguardia con su propia energía calmada. Sin embargo, si la manada está siendo perseguida por una gran amenaza, los perros de esa posición se mantendrán agitados y seguirán avisando del peligro. Los perros del centro captarán esa energía y procederán a comunicarla a los del frente.

*El Líder de la Manada debe ir al frente, y los demás a su lado o detrás.*

Finalmente, el Líder de la Manada hará que el grupo dé la vuelta para brindar protección ante la nueva amenaza.

Al comunicarse por medio de la energía y tener establecida una jerarquía, la manada funciona como una unidad. Cada perro conoce su sitio dentro de dicha jerarquía y no hay cambios de lugar. Un perro que gravita naturalmente a la retaguardia de la manada no tratará de pasar al centro o al frente, mientras que un perro del frente no cederá su posición sin que sea obligado a hacerlo. Esto generalmente no ocurrirá a menos que ese perro líder se desestabilice.

Como amantes responsables de los perros, depende de nosotros aprender qué posición ocuparía normalmente nuestro perro en la manada. Al observar su energía y su lenguaje corporal, usted podrá determinar a qué lugar pertenece. También depende de nosotros respetar la posición de nuestro perro en la manada y no intentar cambiarla, porque, simplemente, no podremos hacerlo.

Esto violaría la Ley Natural Canina: Los perros son animales sociales, de manada, con un líder y sus seguidores. Si usted trata de colocar a un perro de la retaguardia o del centro en una posición de liderazgo (o lo obliga a liderar porque nadie está haciéndolo) el perro se desequilibrará.

La gran mayoría de los perros no nacieron para ser el Líder de la Manada, por lo que, si son criados adecuadamente por los seres humanos, nunca tratarán de asumir esa posición de liderazgo. Cuando usted no comprende ni respeta la posición de su perro en la manada —ya sea tratando de cambiarla activamente u obligándolo a cambiar al no proporcionarle liderazgo— entonces no estará trabajando con la Madre Naturaleza, y el resultado no será agradable ni para usted ni para su perro.

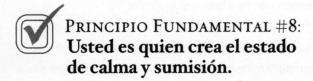

## PRINCIPIO FUNDAMENTAL #8:
## Usted es quien crea el estado de calma y sumisión.

El propósito de las siete reglas anteriores es llevar a su perro a un estado de energía tranquilo y sumiso.

Le mostraré cómo hacerlo con más profundidad en el próximo capítulo. Sin embargo, todo comienza con usted, y si hay algo de suma importancia en este proceso es su energía, su estado mental y su método. Usted es la fuente del estado tranquilo y sumiso de su perro, y éste buscará orientación en usted. Si su energía es ansiosa, nerviosa, sobreexcitada, irritada, frustrada, o de cualquier otra tendencia negativa, su perro reflejará esa energía. Si usted no es constante a la hora de aplicar las reglas, su perro comenzará a ponerle a prueba para ver qué ventaja puede sacarle. Pero si usted es tranquilo y asertivo con su energía, y coherente en la enseñanza y en hacer cumplir sus reglas, se ganará la confianza de su perro y él le seguirá y buscará su orientación.

Si se le dificulta alcanzar un estado de energía tranquila y asertiva, podría serle útil crear una intención en su mente y luego imaginar que está ocurriendo. Por ejemplo, si su perro lo hala durante el paseo, visualícese caminando con él al lado o un poco detrás, e imagínese cómo se sentiría en ese momento. ¿Cuál es su estado mental cuando no tiene que estar halando constantemente a su perro para que no vaya delante? ¿Cuánto más agradable para ambos es pasear de esa manera?

También puede conectarse con su perro y ayudar a que ustedes dos alcancen un estado tranquilo si meditan juntos. Para hacerlo, siéntese o acuéstese con su perro, luego colóquele una mano sobre el pecho y otra en su espalda, cerca de los cuartos traseros. Preste atención a la respiración de su perro, y después comience a imitarle. Respiren juntos todo el tiempo que se sienta cómodo. Al cabo de unos días, su perro deberá comenzar a imitar su respiración, y ambos encontrarán una conexión en esos momentos. La meditación en general es también tranquilizante para ambos.

Pero, sobre todo, no se intimide. Aunque podría parecerle demasiada información para asimilar, comience en forma simple y aproveche cada momento exitoso. Mientras más frecuente sea el éxito, más confiará en el triunfo continuo, y menos se desalentará ante un contratiempo.

Recuerde que usted no es el único que quiere tener éxito logrando un estado tranquilo, asertivo y de equilibrio con su perro. Él también lo quiere lograr.

*Asuma el papel de Líder de la Manada y su perro le seguirá.*

 ## Principio Fundamental #9:
## Es necesario que usted sea el Líder de la Manada.

Todo gira en torno a estas seis palabras: "Ser el Líder de la Manada". Gran parte de los problemas que las personas tienen con sus perros proviene de la falta de un liderazgo firme de la manada por parte de las personas. Como ya sabemos, los perros son animales sociales de manada con un líder y sus seguidores. En su estado salvaje, la mayoría de los perros son seguidores, pero si no tiene un líder al cual seguir, el perro intentará asumir el control de la situación.

En un hogar de seres humanos, esto puede provocar que el perro muestre todo tipo de conductas indeseables como ansiedad, instintos destructivos, ladridos excesivos y agresividad. La carencia de un líder firme deja al perro en un estado mental desequilibrado, por lo que hará lo que crea adecuado para satisfacer sus necesidades.

Con el propósito de comparar, imagine esta situación: A usted lo sacan abruptamente de su casa y lo llevan a la Oficina Oval en la Casa Blanca. Un agente del Servicio Secreto le dice: «Ahora usted es el Presidente. Buena suerte», y se va sin darle más instrucciones. Muy pocas personas no cometerían errores garrafales en cuestión de un par de días. Un perro sin liderazgo firme se estanca en la misma situación.

A menudo ese firme liderazgo no está presente porque las personas, especialmente en los Estados Unidos, tienen la tendencia

*La primera energía tranquila y asertiva que sienten*
*los cachorros proviene de sus madres.*

de querer y mimar a sus perros, y creen que cualquier tipo de disciplina o corrección es "malo".

En vez de ofrecer orientación y protección (el trabajo del Líder de la Manada), muchos tratan de entrar en razones con sus perros como si fueran niños de cinco años.

El único problema es que no se le puede explicar algo a un perro en términos de intelecto porque los perros son seres instintivos. Seguramente su perro lo mirará confundido cuando usted le diga: «Bello, Mamita se molesta mucho cuando muerdes sus cosas bonitas, así que, por favor, no lo hagas más». El perro no tiene la menor idea de lo que está diciéndole Mamita. Una madre canina sería silenciosa y directa, y usaría su energía, el contacto visual y el tacto para transmitir el mensaje de «Basta» a su cachorrito inquieto.

El Líder de la Manada tampoco se comunica con energía emotiva o nerviosa, está siempre tranquilo y asertivo usando esa energía para influir en la conducta de la manada. Tal vez se esté preguntando cómo proyectar una energía tranquila y asertiva. Una idea que les doy con frecuencia a otras personas es pensar en alguien que les inspire —un profesor favorito, un personaje histórico, un héroe de ficción— y luego comportarse como si fueran esa persona. Esta imagen mental influirá en su lenguaje corporal y proyectará esa energía tranquila y asertiva. Es difícil adoptar una mala postura cuando uno se imagina que es Cleopatra o el rey Arturo. Si tal idea le parece tonta, observe a un perro tranquilo y confiado y note cómo se mueve: con orgullo, con la cabeza y las orejas erguidas, y siempre con determinación.

También es muy importante que, como Líder de la Manada, usted reclame la propiedad de su territorio, lo cual puede hacer de forma calmada y confiada. Esto le hace entender a su perro que usted es el dueño del espacio en el que él vive, y le ayudará a respetar su autoridad. Conjuntamente con la determinación de la propiedad, usted debe enseñarle a su perro a trabajar para ganarse el sustento y el afecto, llevándolo a pasear antes de darle de comer.

Además de ponerlo a trabajar físicamente, también deberá ponerlo a trabajar psicológicamente haciéndole esperar hasta que adopte un estado tranquilo y sumiso antes de darle comida o afecto.

Pero lo más importante es que, como líder, usted debe conocer a su manada y saber cuáles son sus necesidades, para luego contribuir a la satisfacción de las mismas creando un ambiente estructurado y coherente con Reglas, Fronteras y Limitaciones. *Dominio* no es una mala palabra. Y como la mayoría de los perros no quieren ser líderes, su perro lo apreciará más por asumir el control.

Los Principios Fundamentales de este capítulo abarcan muchas áreas diferentes. Hay principios que se enfocan completamente en su estado mental, su energía y su intención. Otros giran en torno a su reconocimiento de las verdades intrínsecas sobre su perro y cómo éste experimenta el mundo. La unión de estas ideas sienta las bases sobre las que podemos construir una estructura para nuestros perros y nuestras vidas juntos. El próximo capítulo describe técnicas prácticas, simples y poderosas a las que yo recurro para crear equilibrio y felicidad en mis perros.

# CAPÍTULO CUATRO

# Técnicas prácticas para todo Líder de la Manada

El trayecto hacia la transformación en un firme Líder de la Manada es diferente en cada persona. Para algunos podría ser largo, mientras que a otros les parecerá una vuelta a la manzana. En ambos casos, todo comienza con un paso simple: ver a su perro como es realmente. Y la mejor manera de lograrlo es recurriendo a sus conocimientos de las Leyes Naturales Caninas y los Principios Fundamentales. A continuación, pongamos estos conocimientos en acción con algunas técnicas prácticas.

El conocimiento es sólo una parte de la ecuación para lograr equilibrio en su vida. Es maravilloso estar equipado con información, pero tiene que usar esas lecciones para conformar la estructura adecuada para usted y su perro. Las cinco Técnicas del Líder de la Manada descritas en este capítulo se apoyan sobre la base sólida de las Leyes Naturales Caninas y los Principios Fundamentales. No se deje engañar por la sencillez de estas técnicas, son herramientas poderosas y su uso dará por resultado una relación mucho más gratificante entre usted y su perro.

Técnica del Líder de la Manada #1:
## Proyectar energía tranquila y asertiva.

Como la energía es tan importante en el mundo canino, los seres humanos deben conocer y comprender qué tipo de energía deben proyectar para tener un perro sano y feliz. La proyección de una energía tranquila y asertiva es una de las partes esenciales para ser un Líder de la Manada. Si está buscando un buen ejemplo de energía tranquila y asertiva, piense en Oprah Winfrey o en el nadador olímpico Michael Phelps. Su firme liderazgo en sus respectivas disciplinas no sólo se comunica en su forma de hablar, sino también en su manera de moverse en el mundo: tranquilos, confiados y en control.

La energía de su perro es diferente a la suya. Su perro debe estar tranquilo y sumiso, el estado natural de un "seguidor" en una manada canina. Cuando un perro encarna esa energía tranquila y sumisa relaja su postura, echa sus orejas hacia atrás y responde fácilmente a sus órdenes.

A menudo, la primera energía que recibe un cachorro al nacer es la energía tranquila y asertiva de su madre, que le da la primera noción de protección y seguridad. Posteriormente, el cachorro seguirá a un líder de manada que proyecte la misma energía tranquila y asertiva. Como seguidores de la manada, los perros devuelven una energía tranquila y sumisa que completa el equilibrio del

grupo. Es importante entender que casi todos los perros nacen para ser sumisos porque sólo pueden existir unos cuantos líderes de la manada.

Cuando se junta una persona tranquila y asertiva con un perro tranquilo y sumiso, se crea un equilibrio natural que fomenta la estabilidad y genera un perro equilibrado, centrado y feliz. Pero cuando un perro sumiso por naturaleza sigue a un ser humano que no lidera, intentará corregir el equilibrio de la manada asumiendo lo que considera como el papel vacante de Líder de la Manada. Así es como surgen los problemas de conducta.

Para establecerse como el Líder de la Manada, usted debe proyectar siempre una energía tranquila y asertiva. Por ejemplo, cuando los perros llegan a nuestras casas, muchos se encuentran por primera vez con la intensa energía emocional humana. Y como nosotros los abrumamos con afecto y les hablamos en un tono agudo como haríamos con un bebito, ellos nos ven como una energía excitada, no tranquila y asertiva. Por esa razón muchos perros no obedecen a sus cuidadores humanos. Sus madres nunca actuaron de esa manera. Para ellos, ese comportamiento no es natural.

A modo de evidencia, sólo basta observar mi relación con Junior, mi pit bull de cuatro años. Junior y yo hemos estado juntos desde que era un cachorrito y estamos juntos todo el tiempo. Junior tiene más millas de viajero frecuente que muchas personas: ha superado las 200,000 millas de viaje por el mundo ayudando a informar, rescatar o rehabilitar perros necesitados. Apenas tengo que hablarle, porque él sabe lo que quiero que haga. Nuestra comunicación es casi siempre no verbal. Cuando estoy en una gran ciudad como Nueva York, llevo a Junior a pasear de noche sin correa. Junior camina a mi lado y quienes lo ven se sorprenden por la "sintonía" que tiene conmigo. Aunque probablemente no hay otra parte del mundo en donde haya tantas distracciones como en Manhattan, durante nuestros paseos nocturnos Junior permanece a mi lado, leyendo cada uno de mis movimientos.

El verano pasado, Junior y yo fuimos a la ciudad de Nueva York en un viaje de prensa. Durante el viaje, recibí una frenética llamada de una clienta acaudalada que tenía un problema con Paris, su Airedale terrier.

La dueña había decidido organizarle una elegante fiesta en los Hamptons para celebrar su décimo cumpleaños. Sería una de las mayores fiestas sociales de la temporada veraniega. El único problema era que Paris estaba aterrada y se negaba a salir de abajo de la mesa del comedor. Transcurrieron dos días, y el problema persistió hasta el día anterior a la susodicha fiesta. La dueña estaba tan desesperada, que Junior y yo tuvimos que ir en su ayuda.

La energía de Paris era de miedo severo y lo estaba manifestando como agresividad. Dejé que Junior entrara a la casa, y éste detectó enseguida el peligro potencial. Yo me limité a permanecer detrás. Junior sabía lo que yo quería que hiciera. Al cabo de 15 minutos con Paris bajo la mesa, Junior logró sacar a la perra para que yo pudiera trabajar con ella y aliviar su ansiedad y miedo. No hace falta decir que a Junior lo invitaron para que fuera a la fiesta al día siguiente.

Aunque no tienen el lujo del lenguaje, los perros recurren a su avanzada intuición, sentidos e instintos. Y nosotros, los seres humanos, debemos aprender a reconocerlos. Cuando lo logramos, podemos alcanzar resultados sorprendentes.

## ▶ TÉCNICAS EN ACCIÓN:
## Cómo transformar su energía

Como ya he dicho, su energía determinará cómo su perro lo ve en su papel de Líder de la Manada. Toda su energía —tanto la buena como la negativa— es un reflejo del estado de su cuerpo, mente e intención. Por ejemplo, la energía tranquila y asertiva se revela con una conducta confiada, hombros erguidos, caminar resuelto, y la clarividencia que procede de saber exactamente lo que quiere de ese momento.

El ejercicio siguiente le ayudará a identificar su energía actual y la de quienes le rodean, concentrándose en dos estados opuestos: positivo y negativo.

### IDENTIFICAR LA ENERGÍA POSITIVA
Es bueno tener una persona con nosotros o un espejo para hacer este ejercicio:

1    Póngase de pie frente a un amigo confiable (o un espejo), y piense en un momento donde se sintió muy positivo con respecto a la vida. Imagínese en un momento feliz y expansivo y canalice esa energía. Cierre los ojos si le resulta útil. Durante uno o dos minutos, haga lo máximo por regresar a ese estado mental positivo.

2    Adapte su cuerpo para que se corresponda con el estado positivo de su mente. Note lo que les está ocurriendo a sus brazos, pecho, hombros y expresión facial. ¿Cómo es su respiración?

3. Si está acompañado, pídale a la otra persona que imite cualquier cambio que note. Como dije anteriormente, la energía es contagiosa e influye en quienes le rodean. Pídale a esa persona que le demuestre la forma en que cambió su cuerpo mientras llenaba su mente de pensamientos positivos.

4. Estar consciente de su energía es el primer paso para cambiarla. En las horas o días posteriores a este ejercicio, trate de reproducir el estado de energía positiva que creó. Aunque no se sienta bien, ajustar su cuerpo y su mente en dirección positiva puede ejercer un poderoso impacto en la energía que le transmite al mundo y a su perro.

## Identificar la energía negativa

Haga este ejercicio con otra persona o frente a un espejo:

1. Piense en un momento donde se sintió triste, enojado o frustrado. Durante un minuto o dos, póngase en ese estado mental negativo.

2. Adapte su cuerpo para que se corresponda con el estado negativo de su mente. Note lo que les está ocurriendo a sus brazos, pecho, hombros y expresión facial. ¿Cómo cambió su respiración?

3. Si está acompañado, pídale a la otra persona que imite cualquier cambio que note en su lenguaje corporal. La energía negativa es tan contagiosa como la positiva, e influye en quienes le rodean. Pídale a esa persona que le demuestre la

forma en que cambió su cuerpo mientras llenaba su mente de pensamientos negativos, de temor o ansiedad.

**4** Respire profundo y regrese al estado positivo de la primera parte del ejercicio. Durante un minuto o dos, haga que su mente vuelva a ese estado feliz, poderoso e inspirado. Note cuánto control tiene sobre sus estados mentales positivo y negativo.

Puede tratar de repetir estos ejercicios con su perro cerca de usted para ver qué reacción se produce en él. ¿Cómo actúa cuando cambia su energía? También puede practicar con sus hijos o su pareja. Una vez que comprenda cómo está afectando directamente a otros, tendrá más conciencia de su propia energía y de cómo ésta puede influir en su perro y en otras personas.

 ## TÉCNICA DEL LÍDER DE LA MANADA #2: Ejercicio, disciplina y afecto... en ese orden.

Si usted sabe algo de mi trabajo, entonces conoce mi "fórmula de satisfacción" para los perros: "Ejercicio, disciplina y luego afecto... en ese orden". Lamentablemente, en muchas partes les dan a los perros afecto, afecto y más afecto. El resultado final de lo anterior es un perro desequilibrado.

Las personas que no les proporcionan a sus perros suficiente ejercicio con el paseo usan todo tipo de excusas: «No tengo tiempo para pasear el perro todos los días»; « Mi perro juega en el patio todo el día y no necesita salir de paseo»; «Tengo problemas de movilidad y no puedo pasear al perro» y así sucesivamente. Lo cierto es que si usted asume la responsabilidad de adoptar un perro entonces debe aceptar esa responsabilidad ante todos los aspectos de su vida, y el ejercicio es uno de ellos.

Si no tiene tiempo, búsquelo. Si tiene un impedimento físico que le impide pasear el perro, contrate a un caminador profesional, o, por lo menos, invierta en una cinta para correr. Aunque su perro tenga patio, necesita pasear. Correr por el patio todo el día no es el tipo adecuado de ejercicio, pues no está enfocado y no es natural que el perro permanezca atrapado en un sólo lugar. Recuerde, el paseo no es para que el perro "vaya al baño". El paseo no termina cuando su perro hace sus necesidades.

El propósito de ejercitar a su perro tiene dos aspectos: primero, agota el exceso de energía de forma natural y enfocada. Cuando un perro camina y avanza, su mente también va dirigida hacia delante, como sería la migración natural de la manada en busca de alimento.

Esto proporciona tanto estímulo mental, como trabajo que el perro debe hacer antes de recibir su comida. Otro propósito del paseo es estrechar lazos con su perro. Volveré sobre el tema más adelante en este mismo capítulo.

La segunda parte de la fórmula, la disciplina, intimida a muchos, probablemente porque la palabra puede tener connotaciones negativas. Para muchas personas *disciplina* equivale a "castigo", pero no es así. Una definición mejor es adiestrar para que se actúe de acuerdo a las reglas. Un "ejército bien disciplinado" no significa un grupo de soldados a los que se les ha dado latigazos, sino un grupo de personas que trabajan unidas porque siguen las mismas reglas. Ese es el propósito del componente "disciplina" de la fórmula: garantizar que usted y su perro colaboren respetando las reglas.

Lo más importante que debe enseñarle a su perro es a adoptar un estado tranquilo y sumiso cuando usted se lo pida, y la forma más rápida de garantizar esta conducta es, por supuesto, agotarle la energía con ejercicio. Por esa razón la disciplina es la segunda parte de la fórmula. Una vez que su perro esté cansado, su mente girará en torno al descanso y será mucho más fácil llevarlo a una sumisión tranquila. También es esencial que su perro adopte un estado tranquilo y sumiso antes de pasar a la última parte de la fórmula.

Después de que su perro haya hecho ejercicio, seguido sus órdenes y esté en estado tranquilo y sumiso, sólo entonces se le podrá dar afecto. Este es el momento ideal para darle de comer a su perro, pues ha trabajado en el paseo y seguido las reglas. También puede ofrecerle golosinas o acariciarle, pero debe dejar de hacerlo inmediatamente si su perro sale del estado tranquilo y sumiso. Si le ofrece tiempo de juego como recompensa, deténgase en cuanto comience a mostrarse agresivo o sobreexcitado.

Aunque tengo que hablarles constantemente a muchas personas sobre el tema del ejercicio y la disciplina, sólo en raras ocasiones tengo que explicarles cómo dar afecto. Por esa razón es tan importante aprender esta técnica y repetirse a sí mismo "Ejercicio, disciplina y luego afecto... en ese orden".

## Técnica del Líder de la Manada #3: Establecer Reglas, Fronteras y Limitaciones... y hacerlas cumplir.

Digamos que está viviendo el momento, proyectando energía tranquila y asertiva, y trabajando con la Madre Naturaleza recordando las cinco Leyes Naturales Caninas y siguiendo los Principios Fundamentales. Está practicando el principio de "Ejercicio, disciplina y afecto". ¿Qué viene después? Para implantar completamente su estatus de Líder de la Manada deberá darle a su perro Reglas, Fronteras y Limitaciones, y luego hacerlas cumplir coherentemente para no confundirlo. Esta estructura, unida a la constancia, obrará maravillas en el estado mental de su perro.

En la manada natural, la madre de un cachorro comienza a hacer esto desde el principio, usando el tacto y el olor para controlar adónde va el cachorro, cuándo juega y cuándo come. Si el cachorro se porta mal, la madre le agarrará suavemente la cabeza con la boca a manera de corrección, lo levantará por el cuello y lo llevará de vuelta a la madriguera si se ha alejado demasiado. Una madre equilibrada nunca se deja llevar por las emociones ni se excita cuando lidia con sus cachorros.

Los perros adultos también deben saber lo que pueden hacer y lo que no, y usted como Líder de la Manada es quien debe enseñárselo. Como mínimo, debe enseñarle a su perro las órdenes básicas de "siéntate", "quieto", "suéltalo", "ven", "abajo" y "de pie".

Cuando esté adiestrando al perro, comience usando su energía y sus gestos en vez de las palabras. "Siéntate" es una orden perfecta para comenzar, porque le sorprendería saber cuántos perros se sientan naturalmente cuando usted se les acerca con energía tranquila y asertiva, y se inclina ligeramente hacia ellos.

Cuando un perro cumple la orden deseada, recompénselo con una golosina, un elogio o cualquier cosa que motive a ese perro en particular. En la medida que repita el adiestramiento y el perro perfeccione su habilidad para cumplir una orden de inmediato, podrá comenzar a incorporar la orden hablada si así lo desea. Tenga en cuenta que no importa qué palabras use, un perro puede aprender a sentarse con la misma facilidad al sonido de la palabra *lápiz*.

Durante el adiestramiento, si su perro comienza a mostrar señales de desvío de atención mirando a su alrededor, bostezando o volviéndose hiperactivo, es hora de parar por un rato. Los cachorros tienen menos resistencia que los adultos y se aburren o pierden interés con más rapidez.

"Siéntate" y "quieto" son órdenes esenciales para establecer fronteras con su perro. O, en otras palabras, reclamar el espacio que es suyo y definir el territorio que es del perro. Si no quiere que su perro entre en determinada habitación, dígale que se siente y se quede ante la puerta cuando usted entre al lugar, y corríjalo si trata de seguirle usando su lenguaje corporal para que retroceda. Sea constante. Si no quiere que el perro entre en esa habitación, no lo deje entrar jamás. Si puede entrar en alguna ocasión, deberá ser solamente con previa invitación suya.

Cada vez que salga de la casa, deberá ser usted quien lo haga primero. Y aplicará el mismo principio al regreso. Nuevamente, use "siéntate" y "quieto" para que su perro espere tranquilamente a que usted pase primero, y luego invítelo a seguirle. Esto le enseñará que usted es el dueño del espacio, y respaldará la idea de que es usted quien impone las reglas. También le enseñará a su perro a esperar por usted antes de recibir el resultado que desea, enfatizando en la fuente del mismo: su Líder de la Manada.

No olvide que la mayoría de los perros no son líderes por naturaleza, y no quieren serlo. Sin embargo, si no se les da ninguna orientación, tratarán de hacer lo posible por recuperar el equilibrio de la manada. Lamentablemente, un perro en ese estado actúa guiado por la frustración y la ansiedad, demostrando conductas indeseadas y con frecuencia destructivas o agresivas. La mayoría de los perros ignora lo que se supone que deben estar haciendo. Necesitan que alguien se los diga. Al proporcionarle un firme liderazgo con la creación de Reglas, Fronteras y Limitaciones, le dará a su perro el don de la orientación. Y él se lo agradecerá siendo tranquilo y sumiso, mirándolo a usted como el líder de la manada.

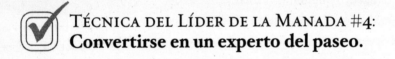

## TÉCNICA DEL LÍDER DE LA MANADA #4: Convertirse en un experto del paseo.

La actividad más importante que puede realizar con su perro es pasear. El paseo le proporciona ejercicio y estímulo mental a su perro, al tiempo que afirma la posición de su dueño como el Líder de la Manada. Además de mantener una energía tranquila y asertiva, debe usar siempre una correa corta, con el collar en la parte superior del cuello de su perro. Esto le permitirá impartir correcciones con un rápido jalón hacia un lado, lo cual reorientará la atención del perro.

*El paseo es un importante ritual cotidiano para Junior y yo.*

Durante el paseo, su perro debe estar siempre al lado o detrás de usted. Si el perro está al frente, estará siendo él, y no usted, el que ocupa el puesto de Líder de la Manada. Hay varias formas de adiestrarle para que se mantenga en la posición adecuada. Una de ellas es no dejarle avanzar si el perro se coloca al frente. Corríjalo y deténganse, o cambie de dirección y siga haciéndolo hasta que el perro camine detrás de usted. También puede utilizar un bastón para caminar o una vara y sostenerlo frente al perro para mantenerlo en su lugar.

La mañana es el momento ideal para el paseo porque su perro se ha levantado pleno de energía, pero es esencial que le dedique tiempo suficiente a pasear —al menos de 30 minutos a una hora— para drenar adecuadamente la energía de su perro. El tiempo de paseo varía dependiendo de la edad y necesidades de su perro. Los perros con más edad se cansan a los 15 minutos, mientras que los perros jóvenes y enérgicos pueden requerir 90 minutos o más. Si su perro tiene alguna enfermedad, consulte con el veterinario para determinar los límites seguros del paseo.

Recuerde también que el paseo no consiste solamente en que el perro olfatee por todos lados y haga sus necesidades. Para mantener el control, avancen sin parar durante los primeros 15 minutos, y luego recompense a su perro dejándole explorar o hacer sus necesidades. El tiempo de recompensa debe ser menor que el de caminar. Continúe este patrón durante todo el paseo.

No olvide continuar con su liderazgo al regresar a casa. Entre usted primero, luego invite al perro a entrar y hágale esperar mientras usted le quita la correa y la coloca en su lugar. Es un momento ideal para darle de comer, porque su perro ha trabajado para ganarse el sustento.

Dedicar tiempo a pasear a su perro es el mejor método para darle ejercicio y ayudarlo a mantener su equilibrio. También es el mejor método para reafirmar de forma positiva su papel de Líder de la Manada. Debe pasearlo por lo menos dos veces al día, dedicando el tiempo suficiente cada vez para que su perro llegue a gastar energía y mantenga su estado tranquilo y sumiso.

Con el paseo usted puede practicar todos mis métodos y, al mismo tiempo, mantener el equilibrio del perro. El paseo le proporciona ejercicio y disciplina, con oportunidades de dar algo de afecto. Además, le ayuda a establecer Reglas, Fronteras y Limitaciones, y los pone en contacto con la Naturaleza. Finalmente, es una excelente oportunidad para que usted aprenda a vivir el momento y adaptar su propia energía. Cuando comience a unificar todos estos aspectos, verá que el paseo es el momento más gratificante y productivo de la relación con su perro, y ambos serán mejores con ello.

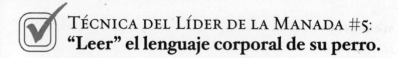

## Técnica del Líder de la Manada #5: "Leer" el lenguaje corporal de su perro.

La energía es el idioma tácito de la comunicación, y una de las primeras maneras mediante las cuales los perros la utilizan para comunicarse es con su lenguaje corporal. Los perros comprenden instintivamente el lenguaje corporal de otros perros. Al mismo tiempo interpretan nuestro lenguaje corporal a su manera. Si no dedicamos tiempo a comprender cómo los perros usan el lenguaje corporal, corremos el riesgo de establecer una mala comunicación.

Para comenzar, piense en dos buenos amigos (humanos) que se encuentran después de una larga separación. En cuanto se ven, adoptan una posición erguida, mostrando una amplia sonrisa y caminando un poco más rápidamente. Incluso pueden elevar sus brazos y agitarlos con entusiasmo. En la medida que van acercándose, pueden trotar o incluso correr, y llegar uno frente al otro para darse un fuerte abrazo o al menos un vigoroso apretón de manos.

Recuerde que los seres humanos perciben el mundo por la vista y el tacto primero, pero que la vista es secundaria en los perros y el tacto ocupa el último lugar (Capítulo 2). Por lo tanto, en los seres humanos, este tipo de contacto directo cara a cara al saludarse es bastante normal. En el mundo de los humanos, se consideraría muy descortés no mirar a una persona cuando nos encontramos con ella. El contacto visual se considera una muestra de interés y atención, y sólo en raras ocasiones como una amenaza. Incluso cuando dos personas que no se conocen se encuentran, comienzan mirándose, haciendo contacto visual, y luego articulan un saludo.

*Los perros se conocen entre sí por su sentido más potente: el olfato.*

Si dos perros que no se conocen hacen lo anterior, es posible que se produzca una pelea. Todos los aspectos del lenguaje corporal en este encuentro —el acercamiento cara a cara, el contacto visual y la vocalización— indican agresividad. Incluso dos perros que se conocen pueden recurrir al instinto y responder con un mordisco si cualquiera de los dos percibe que el otro se le acerca agresivamente.

## Cómo Se Saludan Los Perros Entre Sí

La próxima vez que visite un parque canino, fíjese en cómo dos perros se comportan cuando se encuentran. Si el encuentro es amistoso, usan su sentido principal —el olfato— para "decir" hola. Se acercarán indirectamente el uno al otro y olfatearán

*Un perro tranquilo y sumiso a menudo está sentado o echado.*

un costado o por detrás, hasta asegurarse de la energía del otro. Observe su postura y energía general, y cómo mantienen las cabezas, orejas y colas. Los perros expresan su lenguaje corporal con esas partes del cuerpo principalmente, y la altura de éstas se corresponderá con el nivel de determinación, agresividad o dominación.

Por supuesto, debe estar atento a los rasgos físicos específicos de su perro. Algunas razas mantienen casi siempre las orejas en alto; en otras, siempre están caídas. Sin embargo, si presta mucha atención, podrá determinar cuándo las orejas de su perro están tensas y cuándo relajadas. La tensión equivale a mantener las orejas en alto, y la relajación cuando se mantienen bajas.

Lo mismo ocurre con la cola. Algunas razas enroscan la cola sobre la espalda, y otras nacen sin ella o se les corta (innecesaria y cruelmente) al nacer. En cualquiera de los casos resulta difícil determinar si la cola está en posición alta, intermedia o baja si usted no practica la "lectura" de estos sutiles movimientos. Ahora analicemos algunos ejemplos de cómo la cabeza, las orejas y la cola proyectan el lenguaje corporal del perro.

## TRANQUILO Y ASERTIVO

Cuando un perro está tranquilo y asertivo, su cabeza, orejas y cola estarán en alto, pero no habrá tensión en el cuerpo. Si el perro agita la cola, lo hará con velocidad lenta a moderada, y rítmicamente. Un perro en tal estado será deliberado en sus movimientos, ya sea permaneciendo quieto sin caminar, o avanzando con determinación. No obstante, recuerde que como pocos perros nacen para liderar, no encontrará muchos con este estado de energía.

## TRANQUILO Y SUMISO

Cuando un perro está tranquilo y sumiso, sus orejas estarán echadas atrás junto a la cabeza, y la cola estará en posición intermedia. Su cuerpo aparecerá relajado. Un perro tranquilo y sumiso se sentará o echará con frecuencia, mientras que el perro más sumiso colocará su barbilla sobre sus patas o sobre el suelo. Un perro sumiso puede agitar la cola cuando hacemos contacto visual con él.

## AGRESIVO

Un perro agresivo muestra todos los signos de un perro tranquilo y asertivo, con la excepción de que su cuerpo estará muy tenso y recto, como si estuviera apoyándose hacia delante contra algo que lo restringe físicamente. Un perro agresivo también mantendrá contacto visual.

Algunos perros agresivos proyectan las señales más obvias de gruñir, enseñar los dientes o ladrar, pero no deje que la ausencia de estas actitudes le lleve a pensar que el perro no va a lanzarse contra usted o a morderle. Si el lenguaje corporal es tenso, deje tranquilo al perro. Si mueve la cola, no asuma que es amistoso. A menudo, los perros agresivos alzarán la cola y la moverán con gran rapidez.

## Temor y Ansiedad

Si no sale corriendo, un perro temeroso tratará de achicarse, bajando la cabeza y las orejas, encorvando el cuerpo y doblando las patas. Usualmente, mantiene baja la cola y suele ponérsela entre las patas (de ahí deriva la expresión "salió con la cola entre las patas"). Al igual que en el caso del perro agresivo, agitará la cola rápidamente, pero en posición baja.

En algunas razas, al perro temeroso se le pone de punta el pelo de una amplia franja que corre por el centro de la espalda. En un principio esto tenía el propósito de darle al perro una apariencia de mayor tamaño para ahuyentar a los depredadores. En algunos casos, un perro temeroso puede entrecerrar los ojos para protegerlos, y esta acción puede llegar incluso a alzar el labio superior para mostrar los dientes. Sin embargo, al igual que el rápido movimiento de cola en el perro agresivo, enseñar los dientes no es lo que parece. En un perro atemorizado, mostrar los dientes es una señal de sumisión y el resultado de arrugar toda su cara.

## "Déjame Tranquilo"

Independientemente de su energía o estado de ánimo actual, a veces algunos perros simplemente no quieren que se les acerque un ser humano, y así se lo harán saber. Frecuentemente, el perro se dará la vuelta y se alejará de usted. Si lo hace, no lo siga. Recuerde: los seguidores son los que van en pos de su líder. Si usted sigue al perro, está dejando de ser el Líder de la Manada. Además, no está respetando sus deseos.

Otras maneras mediante las cuales un perro le hará saber que no está interesado es evitando el contacto visual, volviendo la cabeza a otro lado. También puede poner la cola en alto, pero no estará en concordancia con la posición de su cabeza y sus orejas, debido a la incertidumbre.

El perro que no desea un acercamiento, también puede permanecer muy quieto y estirado, como si al no moverse se hiciera invisible ante el ser humano. En los niveles más extremos de alerta, el perro puede hacer un chasquido con la boca o gruñir enviándole el mensaje: "Déjame tranquilo".

Cuando aprenda a leer el lenguaje corporal de los perros, mejorará su capacidad de comunicarse con ellos, comprendiendo lo que le dicen, y podrá usar mejor su energía tranquila y asertiva para reorientar sus instintos y lograr la conducta deseada.

## ▶ Un juego integral de herramientas

Todas estas técnicas —además de las leyes y principios de los capítulos anteriores— son la esencia de mi trabajo con los perros. Establezca esa estructura y aplíquela siempre. Tanto usted como su perro se beneficiarán con una rutina y método coherentes. Usted estará cumpliendo con su papel de Líder de la Manada, y su perro adoptará el estado tranquilo y sumiso que corresponde.

# CAPÍTULO CINCO

# "No estoy portándome mal"

Generalmente, las malas conductas caninas se manifiestan de dos maneras: aparecen súbitamente o son malos hábitos. Si su perro siempre ha tenido problemas de conducta, comience primeramente a resolver el problema analizándose a usted mismo. ¿No está satisfaciendo las necesidades de su perro, o no está proporcionándole un firme liderazgo de la manada? En este capítulo trataremos sobre estas preguntas y sus soluciones.

Si la conducta de su perro cambia abruptamente, entonces está tratando de decirle algo y usted deberá resolver el problema observándolo. Cuando pueda descifrar el mensaje que él está tratando de enviarle, podrá determinar lo que necesita para resolver el problema. ¿Ha ocurrido en más de una ocasión? ¿Han surgido otros patrones de conducta? ¿El problema le parece ajeno al carácter de su perro?

Por ejemplo, si su perro nunca hace sus necesidades dentro de la casa, pero un día usted regresa y se encuentra "un regalito" sobre la alfombra, no debe ser causa de preocupación. Pregúntese si dejó de pasearlo ese día o cambió recientemente algún componente de su dieta. Si el incidente no vuelve a ocurrir ante una causa clara como las mencionadas, probablemente no hay problemas.

Pero si de repente comienza a ocurrir en múltiples ocasiones durante la semana, es hora de hacer algo para solucionar la cuestión.

En estos casos, lo primero es averiguar si hay algún problema de salud. Por ejemplo, un perro domesticado que comienza súbita y regularmente a orinarse dentro de la casa podría tener infección renal. La agresión súbita, los gruñidos o el rechazo a que lo toquen podrían indicar que su perro padece un dolor físico. Si los hábitos de comer o tomar agua cambian súbitamente —por ejemplo, come menos o bebe más agua— debe ir al veterinario a hacerle un examen general.

Si su perro es saludable, entonces pregúntese: "¿Ha habido algún cambio reciente en nuestras vidas?". Los perros son muy sensibles a los cambios, y pueden volverse inseguros si se sienten confundidos o amenazados. Incluso algo tan simple como un cambio en su horario cotidiano —como salir 30 minutos más temprano o más tarde en la mañana— puede afectar al perro hasta que se acostumbre a la nueva rutina. La buena noticia es que si está satisfaciendo todas las demás necesidades de su perro con "Ejercicio, Disciplina y Afecto" (Capítulo 4) y ejerciendo el liderazgo de la manada, él deberá adaptarse a cualquier cambio con bastante rapidez.

Para cada mala conducta de este capítulo describo el problema en cuestión, hablo acerca de sus causas potenciales, y luego ofrezco soluciones para que su perro recupere el equilibrio.

Una nota final antes de comenzar. Si la conducta de su perro —ya sea habitual o súbita— está causando un grave trastorno en su manada, tal vez quiera solicitar los servicios de un adiestrador profesional o un conductista canino. Sus conocimientos y destrezas le ayudarán a comprender el problema y a elaborar un plan para corregir la conducta. Debo insistir en que si su perro se muestra agresivo sin una causa física, trata de agredir a cualquier miembro humano de la manada, si va a tocarle su comida, o ha mordido o intentado morder a alguien, deberá llamar inmediatamente a un profesional.

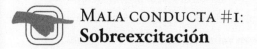 ## MALA CONDUCTA #1:
## Sobreexcitación

Todos hemos visto perros sobreexcitados. Son los que saltan o dan vueltas cuando sus dueños llegan a la casa. Los que saltan sobre los invitados y corren por toda la casa. Los que se adelantan durante el paseo, resoplando y jadeando, ansiosos por olfatearlo todo. Los que corren por todo el parque canino como si fueran galgos en una pista de carreras. Son perros que encarnan cabalmente la definición de "hiperactivo".

Un perro con tal excitación está descontrolado, lo cual puede ser peligroso tanto para él como para los seres humanos. Un perro saltarín puede resbalar en el suelo y lesionarse las patas o la espalda. Sus uñas pueden arañar a alguien. Si el perro es lo suficientemente grande, puede derribar muebles o personas. Como Líder de la Manada, usted debe infundirle confianza y energía tranquila y sumisa a su perro cuando regrese a casa. Tal vez el perro no luzca tan feliz, pero, créame, un perro que se sienta tranquilamente y lo mira cuando regresa al hogar es mucho, pero mucho más feliz que un perro saltando por las paredes.

## Sobreexcitación: Las Causas

Este tipo de mala conducta es provocado por una combinación de energía excesiva y afecto mal orientado. Por supuesto, un perro demasiado excitado no ejercita lo suficiente. Pero veo con frecuencia en estos casos que los seres humanos que rodean al perro, no sólo no han corregido la conducta no deseada en primera instancia, sino que además han hecho lo contrario, estimulándola inconscientemente.

Es una tendencia natural de los seres humanos el atribuirle a los perros nuestras propias emociones, por lo que lo primero que pensamos al ver que un perro salta sin cesar cuando regresamos a casa es que se siente feliz de vernos. ¿Y por qué no lo pensaríamos? Los seres humanos felices saltan cuando los seleccionan en un programa de juegos, o cuando su equipo anota el gol de la victoria. Los seres humanos también saltamos cuando bailamos, algo que hacemos solamente cuando estamos felices.

De esta forma, cuando regresamos a casa y nuestro perro nos saluda saltando o dando vueltas, nuestra reacción natural es sentirnos felices también y saludarlo diciéndole que le echamos igualmente de menos. Pero lo que estamos haciendo en tal caso es darle afecto y atención a un perro inestable, y el mensaje que recibe es: "¡Me gusta que hagas estas cosas!".

## Cómo Superar La Sobreexcitación

El primer paso para lidiar con el problema es ignorar a su perro cuando incurre en esa conducta no deseada. Al regresar a casa, si su perro comienza a saltar o a dar vueltas, practique mi técnica de "No tocar, No hablar, No hacer contacto visual" (Capítulo 2). No reconozca la presencia de su perro cuando está sobreexcitado. Por el contrario, siga la rutina normal de volver a casa. Coloque en su lugar lo que traiga, haga las cosas que hace usualmente y espere a que el perro se relaje (cansándose con tantos saltos) antes de saludarlo y darle afecto.

Este método también es necesario si su perro salta encima de sus invitados, aunque también necesitará educar a sus visitas. Las personas que aman a los perros tienden a tolerar la conducta sobreexcitada y dar afecto, tal vez por temor a parecer descorteses.

Como anfitrión, usted puede educar a sus invitados pidiéndoles que ignoren a su perro cuando esté sobreexcitado. Asegúreles que ni usted ni su perro se lo tomarán a pecho, y que así, estarán ayudándole a adiestrar al perro.

Su regreso a casa, en general, es también una buena oportunidad de verificar su propia energía. Su perro es su espejo. ¿Tiende usted a excitarse fácilmente o a ser bullicioso? Si proyecta sobreexcitación constantemente, su perro lo reflejará. Hablar en alta voz, andar de un lado para otro o incomodarse por cosas ínfimas son actitudes que le comunicarán al perro que así es como se comporta esta manada.

Por supuesto, debe quemar la energía excesiva de su perro llevándolo a un paseo largo y vigoroso. Es una forma sana de enfocar toda esa energía en avanzar con usted, y luego consumirla. Si su perro se muestra hiperactivo durante el paseo, dele trabajo colocándole una mochila para cansarlo más rápidamente. El peso de la misma también le hará enfocar su atención en llevarla.

Otro método para calmar un perro sobreexcitado es apelar a su órgano olfativo por excelencia: su nariz. Algunos olores, como el de la lavanda, calman a los seres humanos. Con los perros ocurre lo mismo, exceptuando que éstos tienen un olfato más agudo. Consulte con su veterinario para determinar qué olores pudieran funcionar en el caso de su perro, y cuáles métodos de dispersión son los más seguros para él.

Aunque la sobreexcitación podría parecer un problema relativamente benigno, a la larga es mejor enseñarle a su perro a saludarle con una energía tranquila y sumisa, siendo más saludable permitirle que gaste esa energía excesiva de forma positiva y enfocada. Un perro que salta, da vueltas y corre puede parecerle un animal feliz, pero esa es una percepción humana. Un perro tranquilo y equilibrado lo es mucho más.

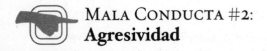

## MALA CONDUCTA #2:
## Agresividad

La agresividad en los perros es probablemente uno de los problemas más comunes que se me pide resolver. Ésta, tiene muchas maneras de manifestarse. Algunos perros son agresivos solamente con otros perros o animales; otros, sólo con las personas; mientras que otros tantos suelen mostrarse agresivos cuando alguien va a tocar su comida, o las golosinas y juguetes que tienen en alta estima.

La agresividad en los perros es una conducta muy notable e identificable, particularmente por los que son víctimas de la misma. El lenguaje corporal de estos perros es tenso y enfocado y, a menudo, hacen ruido: los perros agresivos gruñen, ladran,

*Los perros agresivos pueden ser difíciles de controlar porque halan y arremeten con frecuencia.*

muestran los dientes y con frecuencia se lanzan encima o muerden a cualquier persona o animal que tengan a su alcance. A menudo, cuando los pasean, son difíciles de controlar, halando para colocarse al frente y ladrándoles a los demás perros o personas que ven.

Este problema puede ser uno de los más difíciles de resolver, particularmente en el caso de los perros que muerden, o los que están en la "zona roja" (aquellos perros que entran en actitud de ataque y no se les puede sacar de ese estado). En la Naturaleza, cuando los perros muestran agresividad, lo hacen sólo hasta que ganan la "discusión". Sin embargo, un perro en "zona roja" está dispuesto a matar, y no cesará hasta lograrlo.

Las personas que tienen perros agresivos en sus hogares se sienten constantemente nerviosas, pero esto sólo contribuye a empeorar la situación. La ansiedad, el nerviosismo y la incertidumbre son formas de energía débil, y estos estados del ser sólo sirven para recordarle al perro que no hay ningún líder firme de la manada en los alrededores. Si cualquier miembro de su núcleo familiar siente temor ante la agresividad de su perro, es hora de llamar inmediatamente a un profesional. Los perros sienten el temor en los seres humanos y en otros animales, y un perro agresivo puede aprovecharse de un estado de energía débil.

Los perros agresivos pueden ser difíciles de controlar porque halan y arremeten con frecuencia. Además, si su perro muestra agresividad con respecto a la comida ante cualquier miembro de la manada humana, llame a un profesional.

## Agresividad: Las Causas

La agresividad es provocada normalmente por una combinación de frustración y dominación. El perro puede sentir frustración debido a la falta de ejercicio, y por tanto tiene abundante energía acumulada. Por otra parte, el perro se vuelve dominante por la falta de liderazgo de los seres humanos que le rodean. La combinación de frustración y dominación pueden ocasionar que un perro se torne agresivo y trate de tomar el control. Sin Reglas, Fronteras y Limitaciones, el perro no tiene idea de lo que se supone debe hacer (Capítulo 4). Esto le puede resultar muy confuso y aterrador, especialmente si el perro no asumiera normalmente la posición de liderazgo de la manada que, como he dicho anteriormente, la gran mayoría de los perros no son líderes naturales de manada, están perfectamente felices siendo seguidores.

El efecto de un perro agresivo sin rehabilitar en los seres humanos que le rodean y en su hogar puede ser devastador. He conocido familias que se convirtieron prácticamente en ermitañas dentro de sus propias casas, sin recibir visitas o dejar que los amigos de sus hijos vinieran a jugar. En hogares donde hay varios perros, todos tienen que participar en el juego de "mantener separados a los animales", trasladando al perro agresivo de un sitio a otro y dejándolo encerrado. Si el problema no se resuelve, es inevitable que muerda a alguien, lo cual incrementa el temor y la frustración de las personas, y hace que el perro ejerza más dominación. Con demasiada frecuencia, después de la segunda mordida, los seres humanos de esa casa se sienten presionados ante dos opciones: deshacerse del perro o sacrificarlo. Para mí, la solución de un problema de agresividad es uno de mis desafíos más importantes, porque garantiza la permanencia de los perros en sus casas, y la seguridad de quienes les rodean.

## Cómo Superar La Agresividad

Las causas principales de la mayoría de los casos de agresividad son las mismas, al igual que las soluciones. Para lidiar con un perro agresivo, los seres humanos que residen en la casa tienen que imponerse como líderes de la manada, y deben darle al perro Reglas, Fronteras y Limitaciones constantes. Durante el proceso, considere a su perro de la misma manera que lo haría con un ser humano en rehabilitación: el perro tiene un problema que resolver, y hasta que no lo haya logrado, no tendrá los mismos privilegios ni libertades que disfruta un perro que no es agresivo. Esto no es un castigo, sino una estructura, y simplificará la vida de su perro en el curso de la rehabilitación. En particular, tenga mucho cuidado al dar afecto. Sólo debe hacerlo cuando su perro adopte un estado tranquilo y sumiso. *Jamás* le muestre afecto cuando adopte una conducta no deseada, particularmente la agresividad. Si lo hace, le hará saber a su perro que puede usar la agresividad para obtener afecto.

# Teddy

He trabajado con muchos perros agresivos, y Teddy, una mezcla de Labrador dorado de nueve años, era un caso típico. Sus cuidadores, Steve y Lisa Garelick, lo adoptaron cuando era un cachorro. Por naturaleza tenía mucha energía y era agresivo, pero como los Garelick no le proporcionaron un liderazgo firme desde el principio, la agresividad de Teddy hacia personas y animales no se corrigió.

Los Garelick toleraron su belicosidad durante nueve años. Sin embargo, al nacer su hija Sara (que tenía dos años y medio cuando los visité), el problema se convirtió en motivo creciente de preocupación. Lo último que deseaban ambos era que Teddy mordiera a Sara. Sin embargo, y curiosamente, Sara era la única persona a la que Teddy no agredía. Esto se debía a que los Garelick hicieron lo correcto cuando la niña nació: preparar a Teddy para la llegada de una nueva ocupante a la casa, y luego le hicieron saber claramente al perro que aquel nuevo ser humano tenía un estatus más prominente que él. Sin saberlo, lograron que su hija se convirtiera en la líder de la manada para Teddy, algo que no podían lograr para ellos mismos.

Los Garelick hicieron lo que tantos hacen cuando sus perros muestran comportamiento agresivo: evitar las situaciones que pudieran provocar una agresión en vez de enfrentarse al problema. Temían no poder controlar al perro en esas situaciones. Cuando les demostré que podía controlar la agresividad de Teddy reorientándolo para que saliera de ese estado en el que había caído, se dieron cuenta de que aquello era posible. Una vez que les demostré que ellos también podían lograrlo, disminuyó su nerviosismo y ansiedad, aumentó su confianza, y estuvieron listos para ser exitosos líderes de la manada. ∎

Establezca reglas y límites. Si su perro acostumbra a acostarse sobre el sofá, hágale saber que ahora está prohibido y asegúrese de que no suba. No piense que el perro se sentirá insultado por eso. Así no piensan los perros. Por cierto, lidiar con una nueva regla será probablemente más difícil para los seres humanos. Cuando los miembros de la familia anden por la casa, asegúrese de que el perro nunca sea el primero en pasar por una puerta a otra habitación, sino que debe esperar e ir detrás de los seres humanos. Si su perro trata de ir por delante, dé la vuelta en la puerta y camine en dirección opuesta. Si dispone en la casa de habitaciones suficientes para hacerlo, determine temporalmente una de ellas como lugar fuera de los límites del perro, y aclárele a todos los seres humanos de la manada que sean coherentes y no le permitan al perro el acceso a dicha habitación.

También durante el curso de la rehabilitación, recoja y guarde todos los juguetes, huesos y otros objetos con los que juega el perro, para enseñarle que todos le pertenecen a usted, y sólo se pueden usar cuando usted así lo determine. A menudo, un perro pensará que es poderoso si acumula una gran colección de cosas. Por lo tanto, si un perro agresivo dispone de todos esos objetos, la situación puede empeorar.

No deje que su perro le dé órdenes. A menudo los perros tratan de llamar nuestra atención empujándonos suavemente, colocando la cabeza en nuestro regazo, o saltando sobre nosotros. Si su perro lo hace, ignórelo. Ni siquiera le diga «No». Pase por alto esa conducta. De no hacerlo, su perro le ha dicho lo que usted debe hacer, y usted le obedeció.

Durante todo este proceso, por supuesto, lo más importante que puede hacer es ejercitar bien a su perro, idealmente con largos paseos.

Recuerde, parte de la causa de la agresividad es el exceso de energía, y usted debe hacer que gaste esa energía. Si cree que el paseo no es suficiente, póngale encima una mochila para darle un trabajo que hacer y ayudarlo a consumir energía, o haga que le remolque mientras patina, o que corra a su lado mientras usted monta en bicicleta. Debe consultar con un adiestrador para que le enseñe a usted y a su perro a hacerlo en forma segura.

El otro aspecto importante del paseo, particularmente en lo que respecta a la agresividad, es la cohesión de la manada y el establecimiento de liderazgo. En la Naturaleza, las manadas de perros emigran juntas en búsqueda de comida y agua y para explorar y determinar su territorio. Mientras más lejos viajen, más posibilidades tendrán de encontrar mucha comida y agua, y más extenso será su territorio. Cuando usted muestre energía tranquila y asertiva y asuma el liderazgo en el paseo, proporcionará el liderazgo y orientación que necesita un perro agresivo. Al usar una correa, también tendrá la oportunidad ideal de corregir conductas indeseadas antes de que ocurran.

A los perros, como animales de manada que son, les preocupa principalmente que todo el grupo corra sin tropiezos, y la mayoría asumirá el papel de seguidor, no el de líder. La agresividad dentro de la manada es poco natural, y los miembros más dominantes pondrán de inmediato en su lugar a un perro agresivo. Con demasiada frecuencia, cuando introducimos perros en nuestras manadas humanas olvidamos satisfacer sus necesidades con liderazgo, y por el contrario, los malcriamos como a niños, dándoles demasiado afecto inmerecido. Cuando no les imponen un liderazgo firme, los perros se ven obligados a desempeñar un papel que no desean ni pueden asumir, por lo que reaccionan agresivamente ante todo a causa de su frustración. Sin embargo, usualmente la agresividad no es una cuestión que no pueda solucionarse, y su perro le agradecerá con su lealtad y afecto una vez que le restituya su justo lugar en la manada.

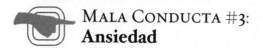

## MALA CONDUCTA #3:
## Ansiedad

En el mundo animal hay dos reacciones naturales a un estímulo amenazante: pelear o huir. En la agresividad se patentiza la de "pelear", pero no todos los perros reaccionan de esa manera. Es perfectamente natural que un perro le tema a algo que lo amenaza, pero la ansiedad que no es natural se produce cuando los perros demuestran temor extremo a cosas que no pueden dañarlos. Los perros temerosos pueden presentar una amplia gama de comportamientos, desde salir corriendo y esconderse ante el primer estímulo súbito, a quedarse petrificados, temblando de terror. No es extraño que tales perros orinen o defequen repentinamente como forma de sumisión, algo que puede llegar a ser una situación desagradable para los seres humanos. Estos perros pueden asustarse con todo, desde un objeto que se cae hasta personas en movimiento, o su propio reflejo en el tazón de agua.

Muchos perros sienten temor, y su primer instinto es correr y esconderse ante algo que les resulte desconocido. En un extremo, salir corriendo se convierte en algo enteramente psicológico. ¿Ha escuchado alguna vez la expresión "paralizarse de terror"? Esto ocurre cuando los animales se aterrorizan tanto por algo que pierden la capacidad de controlar su cuerpo y de alejarse corriendo como medida de autoconservación. Su mente sale corriendo primero. En la Naturaleza, esos animales asustadizos se convierten en comida ajena con bastante celeridad.

Sin embargo, no asuma que un perro asustadizo es inofensivo. Cualquier animal que se sienta lo suficientemente amenazado, aunque parezca paralizado de terror, puede atacar con todas sus fuerzas en un último intento de supervivencia. Si no se corrige esta mala conducta, un perro puede tornarse agresivo por temor, una combinación muy perjudicial para quienes tienen la tendencia de sentir lástima y de tratar de reconfortar a los animales atemorizados.

Puede ser difícil (si no imposible) que un ser humano y un perro asustadizo mantengan una relación satisfactoria. La confianza está en el centro de esta cuestión. Todo puede parecer normal, pero de repente el perro puede reaccionar ante un movimiento erróneo de una persona. La creación de un lazo de confianza puede ser algo extremadamente difícil en tales casos. Además, vivir en un estado de ansiedad constante puede ser dañino para la salud del perro, provocando una elevación en el ritmo cardiaco, respiración agitada y un flujo constante de adrenalina en su organismo. Si un ser humano presentara los mismos síntomas diríamos que está "estresado"; esto puede aplicarse también a los perros. La ansiedad constante y sin alivio puede ser físicamente peligrosa, y hasta fatal.

## Ansiedad: Las Causas

Por lo general, la ansiedad y temor extremos están relacionados con una baja autoestima, lo cual, en los perros, equivale a tener incertidumbre sobre su estatus. Esto puede ocurrir por varias razones. Tal vez se los quitaron a sus madres demasiado temprano y no pudieron experimentar el mundo primeramente por medio del olfato, luego con la vista, y posteriormente con el oído. También podrían haber perdido la capacidad de crear lazos sociales adecuados estimulados por las acciones maternales de alimentación, limpieza y corrección. Además, los perros pueden tener baja autoestima si fueron víctimas de abuso o aislamiento en las primeras etapas de sus vidas. Como el problema está enraizado con tanta profundidad y desde tan temprano en la vida del perro, los casos de ansiedad demoran más tiempo en resolverse que otras cuestiones como la agresividad. Usualmente logro resultados con un perro agresivo en la primera media hora. Pero la solución de los casos de ansiedad puede demorar meses.

## Cómo Superar La Ansiedad

La mejor manera de lidiar con la baja autoestima de un perro es mediante el poder de la manada. En estos casos, el poder de la manada canina.

El adiestramiento estructurado con otros perros ayudará a crear lazos sociales, y le dará a un perro ansioso ejemplos de cómo comportarse. Esto significa trabajar con un adiestrador, por lo que debe escoger uno que también le ayude a encontrar la energía correcta dentro de usted y a adiestrarse a sí mismo mientras entrena a su perro.

En la medida que la autoestima de un perro ansioso comienza a mejorar, puede exponerlo a diferentes estímulos. La cinta de correr es ideal para este tipo de trabajo. Una vez que el perro se sienta cómodo caminando sobre la cinta a un paso estable, usted puede ir incorporando sonidos u objetos que provoquen su reacción de huida, con el propósito de que no reaccione ante ellos.

## Del Archivo de Casos de César

# Luna

L una, una labrador mezclada dorada de año y medio, fue una de las perras más ansiosas y asustadizas con las que he trabajado. Abel Delgado la adoptó de cachorrita en la Pasadena Humane Society, y la escogió porque le recordó cuando él era joven. Según me dijo Abel, creció en una gran familia de inmigrantes mexicanos en Los Ángeles, y como sus padres trabajaban todo el tiempo, él se quedaba a cargo del cuidado de sus hermanos más pequeños, pero con la constante preocupación sobre lo que estaba haciendo o se suponía que hiciera.

Abel, ahora un profesor de Música, director y flautista que trabaja con niños de edad escolar a través de su propia fundación sin fines de lucro, logró superar todos los problemas de ansiedad con los que tuvo que lidiar en su juventud. A Luna, en cambio, no le estaba yendo muy bien. Según explicó Abel, se aterrorizaba con todo lo que se movía o hiciera ruido, básicamente todo lo que tiene vida. Cuando la paseaba, cualquier objeto con ruedas —bicicletas, patinetas, camiones— le causaba pánico, y su única preocupación era salir corriendo sin importarle su propia seguridad.

Un día, durante el paseo, el collar de Luna se rompió y la perra salió corriendo en dirección al tráfico, un vehículo la rozó y luego desapareció al otro lado de la calle. Por fortuna, Abel la encontró sin daño alguno, pero estaba claro que el problema de Luna evidenciaba la forma más extrema de ese tipo de ansiedad: su respuesta de salir corriendo anulaba totalmente su sentido de autoconservación, y huía literalmente de un peligro para caer en otro. Aunque el proceso demoró dos meses completos en el Dog Psychology Center, Luna volvió finalmente a la vida con Abel, y ahora incluso puede acompañarlo al trabajo para ver tranquilamente cómo dirige una orquesta numerosa y muy ruidosa. ▪

La razón por la que este método funciona es porque la acción de caminar sobre la cinta pone en marcha la actividad cerebral para avanzar, acción contraria a la respuesta de huida. Esto condiciona al perro a asociar posteriormente el estímulo que en otro tiempo le aterrorizó, con la acción de moverse hacia delante.

En una etapa posterior del proceso, exponga al perro a diferentes situaciones, avanzando en pequeños pasos. Si es posible, invite a un amigo o adiestrador con otro perro a mano y paseen juntos por zonas donde hay otros perros, y luego otras personas. Busquen sitios con ruidos u olores inusuales; caminen cerca de sendas para bicicleta o pistas de patinaje. Al incorporar seres humanos tranquilos y asertivos, y a otros perros equilibrados a la mezcla, el perro ansioso comenzará a confiar en sí mismo en tales situaciones. Ésta es además una de las escasas ocasiones para las que recomiendo usar una correa retractable, aunque con moderación y precaución, a fin de que el perro pueda alejarse de usted para explorar, y regresar si se atemoriza, o cuando usted lo llame.

Con frecuencia, los perros ansiosos mejoran con el adiestramiento de agilidad pues les da un conjunto evidente de objetivos que lograr. Comience poco a poco, con sólo uno o dos grupos de desafíos, luego amplíe gradualmente el curso.

Y recuerde: no está adiestrando al nuevo campeón mundial de agilidad; ese no es el propósito. Usted le está dando a su perro una serie de pequeños objetivos y así su confianza se incrementará con cada meta que cumpla exitosamente.

Si su perro no se muestra ansioso en casa y sólo le ocurre cuando está fuera de ésta, entonces puede usar el olfato del perro para aliviar la conducta. Colóquese en la mano una o dos gotas de un perfume agradable como el aceite de lavanda antes de acontecimientos agradables para su perro, como la hora de comer. Deje que el perro explore el olor y se acostumbre a él. Luego, asocie el olor con la experiencia de salir a pasear de la misma forma, colocándose un par de gotas en la mano antes de tomar la correa. Durante el paseo, si advierte la proximidad de una situación que le provocaría pánico a su perro, recurra al olor (antes de que entre en crisis) y úselo para distraer la mente del perro por medio de su olfato y la asociación agradable que usted creó.

Finalmente, cada vez que su perro caiga en un estado de temor, no trate de consolarlo con afecto. Por el contrario, mantenga su energía tranquila y asertiva, y practique la técnica de "No tocar, No hablar, No hacer contacto visual". A diferencia de los seres humanos, cuando los perros reciben afecto lo interpretan como una aprobación de la conducta que han adoptado en ese momento y no como un intento de hacerlos sentir "mejor". Si acaricia a su perro y le dice: «Todo va a estar bien» en un momento de pánico, él lo entenderá como: «Está bien que te comportes de esa manera. Voy a darte afecto porque estás asustado». Por tanto, estará reafirmando la conducta no deseada.

El temor es una emoción poderosa, tanto en los seres humanos como en los perros, pero éstos no tienen la capacidad de mitigarlo racionalmente. Los perros sólo tienen dos reacciones instintivas al miedo: atacar su fuente de origen, o escapar de la misma.

En una manada, algunos perros desempeñan el papel de protectores. Los perros que no lo son, no se preocupan por el sitio en el que deben estar cuando se acerca un peligro. Sin embargo, fuera de la manada, no tienen la menor idea de cuál se supone que sea su papel. Cuando tal incertidumbre se combina con un estímulo amenazante, el perro puede caer presa del pánico y luego perder la confianza de saber cómo actuar en cualquier momento dado. Aunque es un problema difícil de solucionar, hasta el perro más tímido y ansioso puede ser rehabilitado con tiempo, paciencia y las herramientas adecuadas.

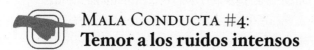

## MALA CONDUCTA #4:
## Temor a los ruidos intensos

El trueno es uno de los sonidos más imponentes de la Naturaleza. Si en alguna ocasión ha estado al aire libre y alejado de una gran ciudad durante una tormenta eléctrica, habrá escuchado el profundo estruendo que parece estallar en todas partes, difundiéndose en ondas sonoras. Es un sonido casi viviente, y escucharlo puede resultar maravilloso, siempre y cuando no le tema y sepa que se produce cuando se genera un rayo que calienta el aire. Pero para muchos perros es algo aterrador.

No es extraño que los perros demuestren temor extremo en presencia de ruidos intensos e inesperados. Además de los truenos, los fuegos artificiales, los disparos, la explosión del escape de un motor de automóvil o cualquier cantidad de sonidos abruptos pueden provocar esa reacción. No es por azar que en los Estados Unidos, la celebración del Día de la Independencia y sus fuegos artificiales coincidan con la mayor cantidad de perros que se escapan en el año.

No es divertido ver cómo un perro tranquilo y feliz se transforma en un manojo de nervios durante una tormenta súbita o una celebración. Lamentablemente, una vez que el perro ha llegado a ese estado, puede ser muy difícil tranquilizarlo.

Como he mencionado anteriormente, el afecto no logrará otra cosa que reafirmar el estado inestable. Y, lamentablemente, aunque el Día de la Independencia es predecible, no podemos pronosticar de forma real y exacta los caprichos meteorológicos. Si consigue hacerlo, ¡es probable que pueda tener su propio programa de televisión como "Encantador de tormentas"!

## TEMOR A LOS RUIDOS INTENSOS: LAS CAUSAS

Los seres humanos sabemos que el trueno es un fenómeno completamente natural. Sin embargo, para muchos animales, incluyendo los perros, un ruido intenso como el del trueno puede inducir un temor ancestral, pues no asocian el resplandor del rayo con la explosión sonora que le sigue. Para ellos, el ruido procede de todas partes, por lo que no hay lugar donde ocultarse. También viene de arriba, la dirección desde la cual atacan generalmente los depredadores.

## CÓMO SUPERAR EL TEMOR A LOS RUIDOS INTENSOS

A diferencia de otras cuestiones, lidiar con el temor a los ruidos intensos puede resultar difícil, porque esos ruidos son impredecibles, o se producen sólo una vez al año. No obstante, se puede planificar con anticipación para el Día de la Independencia, y nunca es demasiado temprano para comenzar. Preparar desde ahora a su perro para los fuegos artificiales futuros evitará muchos problemas y mitigará los producidos por otros ruidos intensos inesperados.

Puede comenzar en cualquier momento, acostumbrando lentamente a su perro a escuchar ruidos. Descargue en su computadora sonidos de fuegos artificiales, truenos, explosiones y otros ruidos intensos, y reprodúzcalos a bajo volumen cada vez que su perro esté realizando una actividad agradable como comer o jugar. Vaya incrementando el volumen cada día hasta que el perro parezca cómodo y no le afecten los sonidos.

Si se desencadena una tormenta inesperada, trate de distraer a su perro durante la misma. Trabaje con él en conductas de obediencia, como sentarse o dar la mano, y recompénselo con golosinas.

Colóquele una mochila encima, o póngalo sobre la cinta de correr. El propósito es enfocar la atención de su perro en algo que no sean los truenos. También puede usar el olfato de su perro para desviar su atención del ruido, poniéndolo en contacto con olores agradables como lavanda o pino. Si es necesario, manténgalo cerca de usted con la correa, incluso dentro de la casa. Esto impedirá que salga corriendo y lo mantendrá en presencia de su energía tranquila y asertiva.

Recuerde que usted tiene una ventaja como ser humano: puede usar el rayo para saber cuándo viene el trueno, y luego mantener una energía tranquila y asertiva mientras espera por el ruido intenso, convirtiendo el proceso en un juego con su perro. Dígale: «Ahí viene, ahí viene», y luego, cuando se escuche el trueno, celébrelo con él. Esto comenzará a asociar el ruido intenso con el afecto, y demostrará su falta de temor con su energía positiva.

Si sabe que van a lanzar fuegos artificiales en un día determinado, lleve a su perro a un largo paseo antes del comienzo de las celebraciones y agote su energía. Si pasea normalmente durante media hora, dedíquele dos horas ese día. El propósito es que su perro esté tan cansado que su cerebro ni siquiera detecte los fuegos artificiales. También puede considerar el uso de tapones para oídos caninos a fin de reducir la intensidad del ruido, lo que puede resultar suficiente para evitar una reacción de huida. Y,

*Las cercas inseguras pueden ser tentaciones irresistibles para perros
a quienes les gusta merodear o correr.*

por supuesto, asegúrese de que su perro tenga siempre su identificación, o, idealmente, un microchip de localización, en caso de
que el ruido lo haga salir corriendo.

Aunque en la Naturaleza abundan los ruidos intensos, muchos
perros los temen y tratarán de escapar si es posible. Sin embargo,
si agota la energía de su perro con ejercicio y desvía su atención
a otra parte, o lo acostumbra gradualmente a los ruidos, podrá
reducir al mínimo las reacciones negativas y convertir una tormenta veraniega o una presentación de fuegos artificiales en otro
ruido común y corriente.

## MALA CONDUCTA #5:
## Instintos de fuga

Algunos perros son corredores, y escaparán en la primera posibilidad que tengan. En algunos casos, la conducta es oportunista: el perro se aprovechará de una puerta o una cerca abierta para salir a explorar. En otras ocasiones tratarán de escapar activamente, cavando bajo la cerca o saltando por encima de ésta.

Es probable que haya visto una conducta similar en un parque canino donde los perros andan sueltos: alguien corriendo frenéticamente detrás de un animal cuando es hora de irse a casa y éste negándose a regresar, independientemente de las veces se le llame, convirtiendo la situación en un juego de "agárrame si puedes".

Al perro le resulta realmente más peligroso escaparse en el mundo humano que en la Naturaleza; pues puede extraviarse, o morir, o ser lesionado mientras corre por las calles. Y aunque lo pueden encontrar otros seres humanos, sin la identificación adecuada o un microchip implantado tal vez no pueda volver nunca a su familia original.

Los perros que aprovechan la más mínima oportunidad para escapar, probablemente terminen creyendo que están a cargo de la manada y será imposible controlar o disciplinarlos en la casa.

### INSTINTOS DE FUGA: LAS CAUSAS

Al igual que con tantas otras malas conductas caninas, las causas esenciales para que el perro huya de su guarida son falta de liderazgo y estímulo mental, así como un exceso de energía. A diferencia de los seres humanos que salen de sus casas para trabajar o estudiar y dejan sus perros atrás, es muy inusual que en la Naturaleza uno o más miembros de la manada abandonen

# Chula

Chula, una Shiba Inu de dos años, era un clásico ejemplo de corredora, y salía disparada por la puerta de entrada cada vez que la encontraba abierta. Esto le causaba gran preocupación a sus dueños, Rita y Jack Stroud, porque Chula se escapaba sin mirar adónde iba. Si trataban de perseguirla, la perra convertía el proceso en un juego, corriendo aun más lejos. Y cuando la paseaban, halaba la correa, tratando de investigar o perseguir todo lo que se cruzara en su camino. En la casa saltaba de un mueble a otro, marcándolos como su propiedad.

En el caso de Chula, determiné en breve que Rita y Jack la paseaban un sólo día a la semana, y no le impedían saltar sobre los muebles. Como los Shiba Inu fueron cruzados para ser perros cazadores especializados en sacar de sus madrigueras a presas pequeñas, no estaban satisfaciendo los instintos naturales de Chula. Además, los Stroud admitieron que la malcriaban, y sin disciplina, Chula era realmente quien dominaba en aquel hogar. Todo lo que contenía la casa era su reino, al igual que todo lo exterior. Una vez que los Stroud establecieron Reglas, Fronteras y Limitaciones, la conducta de Chula dentro de la casa mejoró y disminuyó su tendencia a escapar. Ahora incluso pueden dejar abierta la puerta principal, y Chula se queda dentro. ▪

al resto y salgan a merodear por su cuenta. No hay razón para hacerlo. Si un perro avista una posible presa a perseguir, alertará a la manada y todos cazarán juntos.

Aunque cualquier perro puede presentar una conducta de fuga, ciertas razas —particularmente los perros de trabajo, los sabuesos y los grupos de perros cazadores— pueden mostrar más propensión a hacerlo, pues siguen el instinto innato que tienen de buscar la presa.

## Cómo Superar Los Instintos De Fuga

En primer lugar, castrar o extirparle los ovarios a sus perros reducirá la tendencia a merodear, especialmente en los machos. Si se procede a hacerlo, especialmente a temprana edad, se eliminarán las señales hormonales que inducen al merodeo en busca de pareja, o el deseo de reclamar su propio territorio. Los perros castrados son menos propensos a marcar territorio dentro de la casa, así como a adoptar conductas agresivas o pelear.

Después, es necesario crear fronteras, construyendo una barrera invisible en cada entrada. Para hacer esto, las personas residentes en la casa deben reclamar esas entradas como propias, adiestrando a los perros para que no pasen por ellas sin permiso.

El inicio de cada uno de los varios paseos diarios es el momento perfecto para este adiestramiento. Primero, el perro debe adoptar un estado tranquilo y sumiso antes de siquiera ponerle la correa. Luego, guíe al perro hasta la puerta y ábrala, pero no lo deje salir. Haga que se siente ante la puerta abierta y espere. Salga usted primero. El perro no podrá seguirle hasta que usted le dé una señal clara y definida para hacerlo. Al regreso, repita el procedimiento pero a la inversa. Abra la puerta, pero no deje que el perro entre primero. Hágalo de forma consistente cada vez que lo pasee, y cambie siempre la duración del tiempo de espera del perro para entrar y salir. Especialmente al principio del adiestramiento, haga que el perro espere hasta que haya dejado de hacer movimientos de expectativa y esté enfocado en usted, para salir por la puerta.

Durante el paseo, tenga al perro a su lado y use una correa corta para que mantenga erguida la cabeza. No lo deje olfatear ni investigar nada del suelo en la primera parte del paseo. Siga avanzando con él. Cuando camine un rato con el perro al lado y sin halar, entonces podrá recompensarlo dejándolo olfatear brevemente el suelo, antes de volver a avanzar juntos.

En el paseo también debe fijar límites, particularmente en las esquinas antes de cruzar las calles. Frénese en la esquina y haga que el perro se detenga junto a usted hasta que adopte un estado de tranquilidad y sumisión, sentado si es posible. El perro no podrá cruzar la calle hasta que usted le dé el permiso. Sólo cuando usted comience a cruzar la calle, él podrá seguirlo, siempre a su lado. Al principio tendrá que hacer varios intentos para que el perro se detenga y reconozca el borde de la acera, pero si usted es constante y lo hace en cada cruce, eventualmente el perro se detendrá antes de que se lo diga, reconociendo el límite que usted ha definido.

Mientras trabaja en la creación de estos límites, también debe trabajar en perfeccionar la orden de "llamada" (*recall* en inglés), un término usado por los adiestradores para decirle al perro que regrese a usted. Esto ayudará a reducir la tendencia del perro de convertir sus escapadas en un juego de "agárrame si puedes". En el adiestramiento de la llamada debe usar una correa larga. Aléjese lo más posible del perro y llámelo. Si no regresa, recoja la correa, y luego aléjese y repita el procedimiento. Cada vez que el perro regrese cuando lo llame, recompénselo con afecto o con una golosina.

Eventualmente, cuando el límite de la espera antes de salir por la puerta sea algo natural para su perro, dedíquese a adiestrarlo para que lo espere justo afuera de la puerta. También puede usar la correa larga para este ejercicio. Haga que el perro se siente en un sitio junto a la puerta y luego aléjese. Si el perro comienza a moverse del sitio señalado, corríjalo y haga que regrese al mismo. Siga haciendo esto todo el tiempo que considere necesario, hasta que el perro permanezca en el lugar. Con frecuencia, cuando el perro entiende lo que se espera de él, se echará tranquilamente en el lugar.

Reafirme esta conducta de espera en cada oportunidad que tenga. Si lleva al perro a un sitio desconocido donde hay una puerta o una cerca, hágale esperar. También debe hacer lo mismo con el auto, dejando que entre o salga sólo cuando le dé permiso

Si le preocupa que su perro se escape, compar un dispositivo de localización GPS es una inversión que vale la pena. Estos aparatos, que se llevan como un collar, tienen un localizador y un enlace inalámbrico. Si su perro sale fuera del área designada, el dispositivo se activa y le enviará una señal a su teléfono inteligente o computadora, donde le muestra su ubicación actual.

Los perros, como animales de manada con instinto territorial, no suelen escaparse normalmente de la casa. Sin embargo, sin el ejercicio, disciplina, estímulo mental ni reglas adecuadas, cualquier perro se fuga a otra parte por puro aburrimiento, en busca de cosas más interesantes. Si usted satisface las necesidades de su perro y se asegura que esté equilibrado y satisfecho, no habrá razón para escaparse. Si crea reglas y límites con respecto a la entrada y salida de la casa, su perro se sentirá menos tentado a aprovecharse de una puerta abierta.

## MALA CONDUCTA #6:
# Obsesión

La obsesión canina es diferente a la de los seres humanos. Con frecuencia decimos que los seres humanos están obsesionados si muestran un gran interés en un pasatiempo, una estrella de cine o un equipo deportivo. Exceptuando casos extremos, este tipo de obsesión humana no interfiere con la vida cotidiana. Sin embargo, como los perros no intelectualizan ni racionalizan su conducta, la obsesión puede interferir en sus vidas y en las de sus dueños.

Pero ¿qué queremos decir con "obsesión" canina? Ésta se produce cuando los perros crean fijación con una cierta conducta y se encierran dentro de un estado mental que los mantiene enfocados en una sola cosa. La conducta obsesiva puede adoptar muchas formas: perseguir sombras, luces o reflejos; correr o moverse constantemente en círculos; y lamerse o mordisquearse a sí mismos sin que haya una causa física como una enfermedad de la piel o una cortada. Cuando los perros llegan a este nivel de obsesión, sacarlos de ahí puede ser muy difícil.

### OBSESIÓN: LAS CAUSAS

Hay dos causas principales para la obsesión canina. Una es el exceso de energía que los perros necesitan liberar. En este caso, el perro insistirá en la conducta hasta que se fatigue. Este tipo de obsesión es usualmente la más fácil de corregir. Pero la segunda y más difícil es la inseguridad, que puede producirse en un perro debido a un trauma o a un acontecimiento que le provocó pánico, particularmente si ocurrió cuando era joven. Cada vez que los perros presentan una conducta insegura y obsesiva, están haciéndonos saber que carecen de un liderazgo y orientación firmes, por lo que se concentran de forma perjudicial en algo que les hace tener una falsa sensación de seguridad.

En ocasiones, la inseguridad puede llevar a un exceso de energía y alimentar el ciclo de obsesión. Cuando un perro está en estado de alerta constante, produce energía excesiva, como si estuviera consumiendo cafeína: siempre ansioso, siempre buscando un objeto de obsesión. Por lo tanto, los perros obsesionados por la inseguridad alcanzarán a menudo un estado de energía excesiva, lo cual se convierte en un ciclo vicioso: la inseguridad alimenta la obsesión, lo cual conduce a un intenso estado de ansiedad, lo que a su vez genera energía que estimula la obsesión, y así sucesivamente.

Cuando hace demasiado calor, este ciclo puede ser peligroso, pues provoca que el perro se acalore excesivamente. Un estado mental inadecuado puede convertirse en un peligro físico, pero el problema se puede resolver.

## Cómo Superar La Obsesión

Para ayudar a su perro a recuperar su equilibrio, primero debe determinar la causa de su conducta. Si su perro es inseguro, ¿tiene exceso de energía, o es una combinación de ambas situaciones?

Encontrar la causa le ayudará a determinar la mejor solución para su perro.

Si usted cree que la causa es el exceso de energía, asegúrese de que haga suficiente ejercicio con largas caminatas, y luego reoriente la atención de cualquier señal de conducta obsesiva

## Del Archivo de Casos de César

# Brooks

¿Por qué la inseguridad provoca obsesión? La respuesta es control. Al haberse atemorizado por algo fuera de su control, los perros se ponen neuróticos y buscan hasta encontrar algo que puedan controlar, o al menos algo que no vaya a volverse y atacar. Tuve que lidiar con esta situación en el caso de Brooks, un Entlebucher (raza de perros suizos de montaña) de cinco años, que corría tras cualquier tipo de luz o reflejo, a menudo chocando contra personas, muebles o paredes en su obsesión.

Cuando conocí a Lorain and Chuck Nicholson, los dueños de Brooks, determiné enseguida la causa del problema. Siendo un cachorrito, Brooks se asustó la primera vez cuando lo pusieron en contacto demasiado rápidamente con el perro del vecino, y la segunda al encontrarse con un vehículo que salía en reversa del estacionamiento. Esto lo hizo tímido y temeroso. Por si lo anterior fuese poco, el cuñado de Lorain le enseñó el juego de "buscar el rayo del puntero láser", al cual Brooks se incorporó con demasiado entusiasmo.

Tras haber sido atemorizado por cosas grandes fuera de su control, Brooks descubrió que era algo pequeño e inofensivo. La luz lo atraía a la persecución porque aprendió que podía ejercer control sobre ella e imponer su dominio. Cuando no había luz la buscaba activamente, y canalizaba su obsesión sobre cualquier otra cosa similar, incluso el brillo de un piso de madera. Y durante sus paseos, Brooks estaba en alerta constante, buscando el suelo en pos de cualquier señal luminosa para salir tras ella. Cuando comencé a corregirlo, Brooks respondió casi inmediatamente a la reorientación de su obsesión, y los Nicholson pudieron resolver el problema en un mes o dos de corrección constante, y con la creación de Reglas, Fronteras y Limitaciones. ∎

hacia un estado mental tranquilo y sumiso. Por regla general, los perros que cavan constantemente en sus patios están frustrados porque no hacen demasiado ejercicio. Si su perroes de una raza fuerte que le gusta correr y lo supera a usted en el paseo, trate de atarle una mochila antes de salir. Alternativamente, su perro puede remolcarlo si va en bicicleta o en patines, para que se sienta exhausto antes de que usted mismo esté demasiado cansado. También puede reorientar la obsesión ofreciéndole retos mentales como morder un juguete de goma con una golosina dentro.

Para rehabilitar a un perro obsesivo, es necesario sacarlo del estado mental obsesivo cuando esté a punto de ocurrir, y el paseo es un punto ideal para comenzar. (Si su perro no muestra conducta obsesiva durante el paseo, magnífico. Está a medio camino de la solución). Necesitará una correa corta y un collar de corrección que se coloque bien alto sobre el cuello, como el Illusion Collar. Úselo para corregir con un halón breve y suave en cuanto el perro muestre cualquier señal de pasar al estado obsesivo. Si le da el halón demasiado temprano o demasiado tarde, la técnica no funcionará. La clave es hacerlo en el momento correcto.

En obsesiones caracterizadas por correr detrás de algo, el perro tratará de investigar el suelo con los ojos. Su objetivo es que el perro mantenga la cabeza erguida, la mirada al frente y que avance con usted. En cuanto el perro trate de bajar la cabeza o mirar a su alrededordistraídamente, aplique la corrección. Es importante que lo haga en el preciso instante que crea que el perro va a caer en el estado mental indeseado, y es vital que usted sea constante con la corrección.

Al principio, su perro podría tratar de "vencerle" y lograr lo que quiere. No ceda ni se dé por vencido. Y lo más importante es no sentirse frustrado si el perro no entiende a la primera.

Mantenga una energía tranquila y asertiva en todo momento y recuerde: su perro no sentirá resentimiento si le demuestra un firme liderazgo. Un perro inseguro lo apreciará, porque eso es exactamente lo que necesita. Siga con el proceso durante el paseo, hasta que no necesite recurrir a la corrección para sacar al perro de su obsesión.

Entretanto, también necesitará lidiar con la obsesión de su perro en casa de forma similar. Con la misma correa y collar, paséelo por la casa hacia los sitios donde adopta su conducta obsesiva, corrigiendo nuevamente cuando el perro comience a caer en el estado obsesivo. Esto tendrá que hacerlo en cada habitación adonde tiene permiso para entrar, enseñándole a no entrar en estado obsesivo sólo porque, por ejemplo, está en la cocina.

Finalmente, en vez de enfocarse en la obsesión, el perro deberá comenzar a enfocarse en usted, mostrando energía tranquila y sumisa. En esos momentos puede elogiarlo, darle una golosina, o cualquier otro procedimiento de estímulo que funcione con su perro. Como Líderes de la Manada, tenemos que reorientar esa energía, y enseñarles a los perros que no es necesario ir en pos de reflejos ni correr en círculos para que todo marche bien en su mundo.

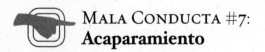

## MALA CONDUCTA #7:
## Acaparamiento

Algunos perros adoptarán conductas de acaparamiento, ocultando comida, juguetes o golosinas, "enterrándolos" en muebles (como bajo la ropa de cama o cojines del sofá), u ocultándolos en rincones, armarios u otros lugares remotos.

Más de un dueño de perros se ha ido a acostar y ha encontrado un puñado de comida seca bajo la almohada, o ha descubierto todos los juguetes "extraviados" del perro mientras barría debajo de la cama.

Permitir que el perro acapare así puede provocar que el animal se torne posesivo o agresivo con la comida oculta, protegiendo su botín contra cualquiera que se acerque al mismo. También puede contribuir al desorden y a situaciones insalubres, especialmente si usted le da a su perro comida blanda o cruda, o huesos sin descarnar. Imagínese lo desagradable que resultaría tener un olor no identificado dentro de la casa y enterarse meses después que la causa es un montón de comida blanda oculta en un clóset (en realidad el olor es desagradable para los seres humanos. Los insectos y los roedores lo considerarían un banquete, otra razón por la cual no es una práctica aconsejable ni permisible).

Finalmente, aunque el interior de la casa no es un bosque con tierra suave por doquier, el perro no lo percibe necesariamente así. Pudiera parecerle que un cojín o una alfombra lo son, y no verá nada de malo en desgarrar rápidamente los tapizados. Tampoco le importa si se trata de una piel italiana de $3,000, o un especial de $300 comprado en IKEA (una importante tienda). En ese momento, sólo satisface el instinto natural de cavar y esconder. El perro también puede dañar seriamente la alfombra, pero ésta a su vez puede causarle serias lesiones en el hocico si trata de arrancarle los hilos de raíz.

## Acaparamiento: Las Causas

El acaparamiento o acumulación se remonta a la conducta de los perros salvajes, y es un rezago de evolución. En la Naturaleza no hay fuente segura de alimento. La manada caza, y en ocasiones puede encontrar poca o ninguna comida; en otras se beneficia con un golpe de suerte y goza de superabundancia.

En los primeros tiempos resultaba muy natural que la manada escondiera la comida sobrante, reservándola para esos momentos de fracaso en la caza, y el método más común de ocultamiento era cavar un agujero y enterrarla allí.

Generalmente, nuestros perros caseros modernos no enfrentan problemas de suministro irregular de comida. Ahí estamos nosotros para darle sus croquetas o su comida blanda diariamente, más o menos a la misma hora. Sin embargo, el deseo innato de garantizar que haya comida para tiempos en que la caza no abunda, puede hacer que algunos perros almacenen la sobrante. Como siempre habrá un suministro adecuado de alimentos, los perros con estos instintos pudieran incluso esconder comida antes de comenzar a consumirla, agarrando un bocado y corriendo a otra habitación. No lo hacen porque no les guste que los vean comer, sino para proteger esa reserva imaginaria.

## Cómo Superar El Acaparamiento

Para lidiar con la conducta de acaparamiento con los juguetes, usted debe tener el control de los mismos. De forma similar a una parte del proceso para hacerle frente a la agresividad, debe recopilar los juguetes que su perro amontona y colocarlos fuera de su alcance. Déjelo tener uno o dos juguetes a la vez, pues, de todas maneras, no podrá jugar con más de uno simultáneamente.

Como no tiene más, el perro se mantendrá enfocado en los que tiene ante sí, y combatirá la necesidad de esconderlos, porque si lo hace, no tendrá más.

La mejor manera de eliminar el problema de acaparamiento de alimentos es controlar y estructurar la hora de comida de su perro. Llévelo primero a dar un largo paseo, lo cual le permitirá que "trabaje" para comer. Cuando regresen a casa, prepare la comida, y luego pídale que se siente y espere mientras usted le llena el tazón. Cuando pueda permanecer sentado y calmado, proyectando una energía tranquila y sumisa, coloque el tazón frente a él. Cuando termine de comer y se aleje del tazón, terminó la hora de la comida.

Retire el tazón y no vuelva a alimentarlo nuevamente hasta que haya repetido los pasos anteriores.

Al quitarle la comida cuando el perro deja de comer, también está retirándole la tentación de volver después y esconder lo que sobre. Siempre habrá comida suficiente, pero nunca tanta como para permitirle aquello de "el que guarda siempre tiene".

El acaparamiento es una de esas conductas en las que los instintos más ancestrales del perro chocan con el mundo moderno. El resultado irónico de alimentar tan bien a nuestros perros es que se puede desencadenar una mentalidad de hambruna, pues los perros viven el momento. No recuerdan que ayer les dio un tazón enorme, ni saben que también lo tendrán mañana. Por el contrario, ven ante ellos un tazón enorme ahora, y la oportunidad de no pasar hambre si se las arreglan para almacenar lo que sobre. Tener el control de las reglas de alimentación eliminará la conducta indeseable del acaparamiento. También contribuirá a evitar la obesidad del perro. Dos beneficios por el precio de uno.

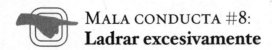

## MALA CONDUCTA #8:
## Ladrar excesivamente

Es un simple hecho de la vida. Los perros ladran. Es una de sus formas de comunicación, con muchas causas y significados posibles. Puede ser como respuesta a un estímulo súbito, como la presencia del cartero ante la puerta, o una alerta pidiendo ayuda. Sin embargo, en la manada, los perros no se comunican normalmente con ladridos. Por el contrario, cuando la manada comienza a ladrar, todo el grupo está respondiendo a un estímulo o amenaza externa. Por supuesto, no se debe suprimir el ladrido del perro, porque es muy útil en el momento y lugar correcto. He escuchado decir a más de un policía que un perro que emite un ladrido profundo y agresivo es el mejor sistema de seguridad del hogar en el mundo. Los perros usan sus ladridos para alertar a los seres humanos de otros peligros, como incendios en los hogares; y otros perros de servicio ladran para advertir a sus dueños de la inminencia de problemas médicos como un ataque epiléptico o un descenso del azúcar en la sangre.

Estos son ejemplos de tiempos y lugares adecuados. Sin embargo, no queremos que nuestro perro ladre constantemente sin razón aparente, o que siga ladrando después de que haya pasado el momento apropiado. Ese ladrido excesivo puede dañar las cuerdas vocales del perro, y también ocasionar problemas con los vecinos, e incluso multas o la confiscación del animal.

### LADRAR EXCESIVAMENTE: LAS CAUSAS
Como ya he dicho, los perros ladran por muchas razones, pero ladrar excesivamente responde a una amplia gama de causas,

## Del Archivo de Casos de César

# Kuma

Trabajé en un caso típico de ladridos excesivos con Jason Zulauf, artista del espectáculo KÀ de Cirque du Soleil en Las Vegas. Kuma, su perra esquimal americana, le ladraba a todo y a todos, particularmente a los visitantes; y no paraba cuando se le corregía, sólo cuando se agotaba totalmente. Jason describe su personaje en el espectáculo como un payaso algo bufonesco pero adorable, una versión exagerada de sí mismo. Lamentablemente, era ese personaje y esa energía lo que llevaba a casa con él, dejando que Kuma llenara el vacío de liderazgo. Comencé enseñándole a Jason a usar energía tranquila y asertiva para reclamar la propiedad de su espacio, particularmente alrededor de la puerta principal. Además, no ejercitaba lo suficiente a Kuma, aunque debo admitir que esto puede resultar muy difícil en un sitio como Las Vegas, con su clima veraniego extremo. Meses después, aunque no se había rehabilitado totalmente, se minimizó la conducta "ladradora" de Kuma, y Jason ejerció mucho más control sobre la perra. ∎

como energía sin canalizar, frustración, ansiedad por separación o aburrimiento. El ladrido obsesivo es la manifestación que usa el perro para decir una y otra vez: «No se han satisfecho mis necesidades». Es preciso determinar cuáles son esas necesidades, proporcionar la corrección, y satisfacerlas.

## Cómo Eliminar Los Ladridos Excesivos

Primeramente, analice la situación cuando el perro ladra. Si no deja de hacerlo cuando usted no está en casa, entonces es una señal de ansiedad por separación, sobre la que voy a hablar en este capítulo. La clave para reducir o eliminar los ladridos cuando usted no está en casa, es garantizar que el perro esté equilibrado con mi fórmula de satisfacción: "Ejercicio, Disciplina y luego Afecto... en ese orden".

Ejercite a su perro con un paseo vigoroso antes de salir de casa, cree un espacio para que él ocupe cuando usted no esté, y dele afecto cuando haya pasado un rato de su regreso a casa y el perro haya alcanzado un estado tranquilo y sumiso.

Si el perro ladra cuando usted está presente, usted puede hacer mucho más para lidiar con el problema, comenzando con mantener la calma mientras trata de corregir la conducta. Veo con demasiada frecuencia cómo las personas corrigen a un perro gritándole a toda voz: « ¡NO!».

Especialmente en el caso de los ladridos, esto conduce a nada. ¿Por qué? Porque un perro ya excitado no escucha la corrección. Por el contrario, le oye a usted integrarse a los ladridos emitiendo un sonido intenso. Al tratar de arreglar el problema añadiendo más ruido, sólo estará estimulando la conducta impropia.

Comience por corregir a su perro y detener los ladridos con una mirada, un sonido como «¡Tsch!», o un ligero toque. En tanto que éstos continúen, proseguirá la corrección, pero de forma tranquila y asertiva. Usted puede lograr mejores resultados con un «No» en voz muy baja y tranquila, dirigido claramente al perro, porque esto se acerca más a un gruñido de aviso que un ladrido estentóreo, y no refleja energía excitada de su parte.

Si su perro sigue ladrando ante el mismo estímulo, incluso después de que lo corrija, reclame dicho estímulo como suyo. En otras palabras: use su energía, lenguaje corporal y resolución para alejar el enfoque del perro al estímulo, creando con efectividad una barrera entre usted y la causa de los ladridos. Además, al alejar su atención de la causa de los ladridos, le estará diciendo a su perro que para usted no es ningún motivo de preocupación.

La causa de los ladridos también ofrece una pista importante acerca del estado mental de su perro. Si acostumbra irse al extremo del patio y ladrarles incesantemente a los vecinos, esto significa que lo que ocurre al otro lado le produce más satisfacción intelectual que lo que ocurre en su casa. Está buscando entusiasmo y desafíos, y los encuentra en otra parte. Una vez más, es hora de garantizar que haga ejercicio suficiente con el paseo, y que tenga abundantes motivos de interés en casa para que no salga a buscarlos en otro lado. Si no tiene éxito en detener por su cuenta esos ladridos excesivos, no vacile en llamar a un profesional de atención canina.

Al igual que el hábito de morder, ladrar es una conducta natural para los perros, pero puede convertirse en un problema cuando es excesivo o se produce en momentos inadecuados. Dependiendo de la causa subyacente, usted debe ser capaz de corregir la conducta dándole a su perro satisfacción con la fórmula "Ejercicio, Disciplina, Afecto", y con un liderazgo tranquilo y asertivo.

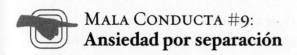

## MALA CONDUCTA #9:
## Ansiedad por separación

En la Naturaleza, como es raro que los miembros salgan de la manada, para los perros no es normal que sus dueños abandonen la casa. Aunque muchos perros pudieran presentar señales ligeras de ansiedad cuando los dueños salen por la puerta, la situación no escala y los animales pueden entretenerse hasta que regrese su manada. No obstante, en algunos perros la ausencia de los seres humanos es demasiado y padecen lo que se conoce como "ansiedad por separación". En casos graves, el perro puede presentar esos síntomas incluso cuando una persona sale de una habitación.

La ansiedad por separación se muestra mediante síntomas como salivación excesiva, gemidos, ladridos, instintos destructivos, intentos de fuga, defecación o micción en la casa o en su jaula, o arañar paredes o puertas. En algunos casos extremos, pueden llegar incluso a saltar por las ventanas.

Es importante darle tratamiento a la ansiedad por separación en cuanto la detecte, porque puede ser algo muy destructivo, tanto para su vivienda y propiedad como para su perro. Un perro que sufre ansiedad por separación puede destruir muebles, zapatos, ropa, papeles, computadoras y mucho más. También puede dañar paredes, puertas, suelos, y romper ventanas. Además, puede lesionarse en sus frenéticos intentos por escapar. Finalmente, el gemir o ladrar incesantemente puede provocar quejas de los vecinos, y hasta una visita del departamento de control de animales. En algunas zonas, se recogen y se confiscan los perros excesivamente ruidosos.

## Ansiedad Por Separación: Las Causas

La ansiedad por separación se produce cuando un perro tiene demasiada energía, pero no se le ha orientado a cómo comportarse cuando está alejado de la manada humana. Por consecuencia, cuando la manada sale, el perro hará todo lo posible para llamarla o seguirla adonde se fue. La ansiedad por separación puede empeorar, y, en vez de disciplinarla, los seres humanos le dan afecto al perro antes de salir. Como el perro ya está en un estado

*La ansiedad por separación es más seria que un simple "Te echo de menos".*

de desequilibrio, el afecto sólo sirve para estimular la energía negativa. En efecto, usted le está diciendo : «Sigue ansioso, porque es bueno estarlo».

Usted no insulta a su perro cuando no se despide de él. Cuando dos perros interactúan, terminan el encuentro saliendo cada cual por su lado. Es la forma normal de separarse los perros.

## Cómo Superar La Ansiedad Por Separación

Lo mejor que puede hacer para eliminar la ansiedad por separación de su perro, es agotar la energía que la alimenta. Cuando su perro se levanta en la mañana, su nivel de energía pudiera estar a un nivel 10. Su objetivo es agotarlo hasta que llegue a cero con una larga caminata o ejercicio, antes de que usted se vaya a sus asuntos cotidianos. Cuando el nivel de energía de un perro llega a 0, es señal de que llegó la hora de descansar.

Usted puede preparar a un perro para esto enseñándole a ir "a su sitio", dejándolo acomodado en su cama o jaula, para alejarse luego de él. El propósito es que usted pueda salir de la habitación sin que el perro salga de su sitio. Comience poco a poco, dejándolo por un minuto más o menos, y luego vaya aumentando el tiempo. Cuando logre que el perro se mantenga tranquilo en su sitio durante 15 minutos, comience a salir de la casa y a incrementar el tiempo que permanece fuera. Puede iniciar el proceso con 5 minutos, luego 10, 15, 30.

Tal vez detecte que su perro no se queda en su sitio cuando usted sale por tiempo prolongado. Sin embargo, si asoció ese espacio con su ausencia, el perro no saldrá para buscarlo. Más bien irá a investigar la causa de un ruido, a tomar agua o sólo para estirarse, y luego regresará a su lugar.

Cuando llegue la hora de salir realmente, despídase de su perro mucho antes. Cuando él esté tranquilo y sumiso y después del ejercicio, no hay problema en darle un poco de afecto y decirle que le echará de menos. Por supuesto, esto será más en beneficio suyo que del perro. Recuerde que los perros no se despiden naturalmente entre sí. Después de haber hecho lo necesario para sentirse mejor, siga con el resto de su rutina, practicando el método "No tocar, No hablar, No hacer contacto visual".

Si no pone demasiado énfasis en el proceso de prepararse para salir, su perro tampoco lo hará.

En la Naturaleza los perros casi nunca se apartan de su manada, por lo que la separación de los seres humanos puede ser muy estresante. Nuestro trabajo es reducir la energía que alimenta la ansiedad por separación, y crear un sitio seguro donde pueda estar el perro durante nuestra ausencia. Cuando use los consejos anteriores, recuerde proyectar energía tranquila y asertiva.

## Del Archivo de Casos de César

# Fella

En cierta ocasión me llamaron para que atendiera a un perro con ansiedad por separación, porque estaba poniendo literalmente en peligro la existencia de toda la familia. Después de múltiples quejas de los vecinos por el incesante gemir del perro, Cindy Steiner y su hija Sydney estaban a punto de ser desalojadas. Su perro, una mezcla de terrier de año y medio llamado Fella, presentaba una grave ansiedad por separación cuando se quedaba solo en casa. También era agresivo con otros perros, y adoptaba una conducta protectora cada vez que Cindy lo cargaba, gruñendo y mordiendo a cualquiera que se acercara. Por suerte, usando las técnicas que describiré más adelante, Cindy y Sydney pudieron enseñar a Fella a adoptar un estado de descanso antes de que su manada humana saliera del apartamento, y les mostré cómo usar una jaula para crearle al perro un espacio seguro. Les tomó unas tres semanas y media cambiar la conducta de Fella, pero aún están viviendo en el mismo apartamento y los vecinos no pueden creer que sea el mismo perro. ∎

Esto ayudará a que su perro cree confianza y ayudará a minimizar su ansiedad. Pero, sobre todo, haga que su perro entienda sus expectativas sobre dónde debe estar y qué debe hacer cuando usted esté ausente, creando un sitio seguro asociado con una energía sosegada.

## MALA CONDUCTA #10:
# Mordisqueo indeseable

Mordisquear es prácticamente sinónimo de una conducta canina normal, y si se hace de la forma adecuada y con objetos apropiados, es una buena actitud que se debe estimular pues ayuda a fortalecer y limpiar los dientes del perro, le proporciona un reto intelectual, y, en los cachorros, alivia los dolores dentales y facilita la transición de la dentición de cachorro a adulto.

Sin embargo, cuando los perros muerden objetos inapropiados, tal conducta se convierte en uno de los mayores dolores de cabeza para los amantes de los perros. Seguramente ya ha pasado por la experiencia de regresar a casa y encontrar fragmentos de su par de zapatos favorito dispersos por la sala de estar; o de ese almohadón bordado que su tía Margarita le obsequió como regalo de bodas; o el cargador de su computadora portátil convertido en un trozo de plástico sin cordón.

No obstante, en tales situaciones, disciplinar al perro en cuanto encuentra los destrozos no sirve de nada. Es posible que al perro ya se le haya olvidado lo que mordisqueó, y no relacionará su regaño súbito con las plumas regadas por toda la casa.

De hecho, disciplinar en esta instancia sólo contribuye a empeorar las cosas. Gritarle al perro sin razón aparente sólo lo pondrá nervioso y tal vez mordisquear sea su forma de calmarse. Si aplica la disciplina en un momento inadecuado, podría estar despidiéndose de otro par de zapatos.

El mordisqueo inapropiado también puede resultar peligroso para el perro porque puede romper algo en pedazos pequeños, tragárselos, y dañarse el esófago, estómago o intestinos. También puede agarrar un cable eléctrico conectado y quemarse, electrocutarse o provocar un incendio. Y además del daño físico que pueda infligirse el perro, están los costos financieros de reemplazar artículos costosos, y los emocionales que implican la pérdida de propiedades irrecuperables.

De esta forma, el reto es garantizar que la actividad natural y sana para el perro se mantenga dirigida a los objetos adecuados, sin que usted tenga que colocar sus pertenencias en sitios a gran distancia del suelo o bajo llave cuando salga de casa.

## Mordisqueo Indeseable: Las Causas

Con mucha frecuencia, los perros adultos mordisquean para calmarse y ocupar sus mentes en algo interesante. Tal vez sea un rezago de su conducta de dentición cuando eran cachorros, durante la cual el acto de mordisquear pudo haber contribuido al alivio del dolor en las encías a causa del brote de dientes nuevos. Asociar la acción de "terminar una sensación desagradable" que se remonta a la etapa de cachorro, pudiera bastar para hacer que un perro adulto vuelva a adoptar un estado tranquilo y sumiso. La tranquilidad y sumisión son muy buenas, eso es lo que usted desea. Pero no debe pagar por ello con sus pertenencias valiosas.

## Cómo Superar El Mordisqueo Indeseable

Es más fácil corregir esta conducta si sorprende al perro con el objeto inapropiado en la boca, pues podrá asociar la corrección directamente con la conducta.

Sin embargo, esto no implica ponerle una trampa al perro dejando intencionalmente un calcetín en el suelo. Sólo explica lo que debe hacer si agarra a su perro mordiendo algo que no debe.

Ya he hablado de la importancia de mantener la calma. Corrija al perro con un toque ligero y suave de sus dedos sobre el cuello o los cuartos traseros. Esto equivale a apartar la atención del perro sobre el objeto. No trate de quitarle el objeto a menos que él lo deje caer mientras lo corrige. Si no lo suelta, entonces reoriente su atención con un objeto apropiado como un juguete para morder o una golosina, lo cual provocará que el animal suelte lo que tiene en la boca para agarrar el objeto aprobado.

Una vez que el perro haya soltado el objeto, reclámelo como suyo. Use su energía y lenguaje corporal para crear una conexión entre usted y el objeto, y hágale saber al perro que el objeto es suyo. Puede ser útil si usted imagina una frontera invisible alrededor de usted y el objeto. También puede recogerlo y colocarlo cerca de su cuerpo, mostrando energía tranquila y asertiva, diciendo físicamente y con claridad: «Es mío». Si observa alguna vez a dos perros decidiendo cuál de ellos agarrará un juguete solitario, verá que usualmente el que lo agarra no hace uso de otra cosa que no sea el lenguaje corporal y la energía, sin recurrir a los gruñidos o la agresividad. El perro simplemente se posiciona sobre el objeto y le da al otro una mirada de advertencia. Esa es la forma en que el perro dice: «Es mío».

Si tiene un perro o cachorro mordedor, deberá proporcionarle juguetes seguros y apropiados. Consulte con su veterinario sobre los objetos comestibles como huesos, cuero crudo u otras opciones. Asegúrese de que los juguetes de goma o plásticos sean lo suficientemente grandes, para que el perro no se los trague, pero que tampoco sean demasiado enormes como para que se le queden trabadas la cara o las mandíbulas dentro del juguete, especialmente si tiene un orificio como parte de su estructura.

Tenga especial cuidado con los juguetes creados para colocarles una golosina dentro. Aunque son generalmente buenos, asegúrese de que tengan agujeros en ambos extremos: uno para que el perro pueda sacar la golosina, y el otro para que el aire fluya y no cree un vacío donde podría quedar atrapada la lengua del perro. El orificio debe tener al menos el diámetro de su dedo meñique.

Los seres humanos adultos tenemos 32 dientes pero los perros adultos nos superan con diez más. Los incisivos de los perros son más puntiagudos y afilados que los nuestros; y sus mandíbulas, en la parte trasera donde están los molares para triturar, más poderosas que las humanas. Una persona se puede partir una muela si muerde un cubo de hielo, pero los perros pueden partir fácilmente un hueso a la mitad con sus molares. Por lo tanto, biológicamente, es obvio que los perros tienen capacidad de morder. Psicológicamente, los perros consideran esa conducta calmante e interesante, por lo que no debe reprimir un hábito apropiado de morder, lo que no puede permitir es que siga mordisqueando objetos inapropiados.

## ▶ Una base sólida

Todos los perros se comportan mal de vez en cuando. Pero con las técnicas que explico en este capítulo, estará bien encaminado para resolver los problemas cuando surjan. Conjuntamente con las leyes, principios y técnicas de capítulos anteriores, podrá contar con una base y métodos sólidos para crear el equilibrio en su manada, independientemente de lo que pueda ocurrir.

Todas estas herramientas entran en juego en cada aspecto de su relación con su perro. Pero ¿sabía usted que puede usarlas en su propia vida, incluso antes de tener un perro? En el próximo capítulo, le mostraré cómo aplicar estas prácticas en su búsqueda del perro perfecto que se corresponda con su estilo de vida y energía.

CAPÍTULO SEIS

# Cómo elegir el perro ideal para usted

Un sábado en la tarde me llamó mi buen amigo, el productor cinematográfico Barry Josephson. Conozco a Barry desde hace unos diez años. Nos conocimos en el estacionamiento de un restaurante en el año 2000, mucho antes de tener mi programa de televisión y antes de que la gente supiera quién era César Millán. Josephson se convirtió en uno de mis primeros clientes "célebres".

Ese día tenía una manada de unos 12 perros en la parte trasera de mi furgoneta. Aunque no había advertido la presencia de Barry, él sí advirtió la mía cuando le di a cada perro la orden de saltar fuera del vehículo. Cada uno esperó pacientemente hasta que yo diera la orden. Barry quedó impresionado. Desde entonces he adiestrado a todos sus perros.

Dos de los perros de Barry habían fallecido recientemente y él seguía adolorido por la pérdida. Su tercer perro, un pit bull pura sangre de nombre Gusto, también estaba triste. Barry me explicó que Brooke, su esposa, creía que Gusto estaba tan apesadumbrado que tal vez necesitaba otro perro. Barry le pidió que esperara a mi regreso de un viaje al extranjero para que yo pudiera ayudar a la familia a encontrar el perro ideal. Pero Brooke no pudo resistir por más tiempo y visitó una organización de rescate para adoptar un cachorrito.

Lamentablemente para ella, los rescatistas le dieron un perro de gran energía que no era compatible con Gusto. Cuando Brooke llevó el cachorro a casa, éste comenzó a morder a Shira, la hija de tres años de la pareja. Por supuesto, a Gusto no le "gustó" aquello y se interpuso para proteger a Shira. Desde ese día, Gusto ignoró al cachorrito. Aunque los Josephson se dieron cuenta de que el cachorrito no era el perro perfecto para la familia, decidieron criarlo (por supuesto, manteniéndolo a distancia prudencial de Shira) hasta que pudieran encontrarle otro hogar.

Este tipo de historia se repite miles de veces porque los seres humanos no entienden el proceso para seleccionar al perro adecuado. No es tan simple como ir a un refugio y escoger un perro, pues hay muchas variantes a considerar. Por ejemplo, la energía compatible atrae y la incompatible puede ser un desastre. Si combinamos la incompatibilidad con la incorporación inadecuada de un nuevo perro a su manada, tendremos la fórmula exacta para la triste, y por desgracia demasiado común, situación de la devolución de un perro al refugio de donde salió. Cuando usted adopta un perro está haciendo un compromiso con él para toda la vida. El perro se merece que usted le haga una investigación previa y que elija con mucho cuidado.

En mi opinión, la selección de un perro consiste en tres fases fundamentales: autoevaluación, evaluación del perro y el viaje a casa.

# FASE 1: Autoevaluación

Esta fase comienza con un análisis honesto de usted y de su vida. Debe considerar muchas partes diferentes de su vida, y cómo un perro se puede adaptar mejor a éstas.

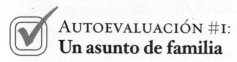

## Autoevaluación #1:
## Un asunto de familia

Cuando decida tener un nuevo perro, esa decisión debe incluir a todos los miembros de su manada humana, porque cada uno de ustedes tendrá que ejercer el liderazgo y estar de acuerdo en traer a casa al perro. Si Papá les ha prometido un perro a los niños, pero Mamá se opone a tal decisión, esto puede provocar problemas a la larga, particularmente si los niños se aburren ante sus responsabilidades y Mamá es la que tiene que encargarse al final de alimentar y pasear a un perro que no quería en principio. Sostengan conversaciones francas y realistas entre sí sobre el perro y sobre qué se puede esperar.

Este es el tipo de preguntas sobre las que deben estar pensando:

- Si tiene niños, ¿son lo suficientemente mayores para asumir la responsabilidad de compartir los papeles de líderes y cuidadores? Si no tienen edad para eso, ¿son lo suficientemente mayores para comprender que un perro no es un juguete, y para respetar el espacio del perro?
- ¿Comprenden los niños que el perro forma parte de la familia y no "le pertenece" más a un niño que a otro?
- ¿Habrá siempre alguien en casa con el perro, o toda la familia sale temprano en la mañana para regresar en la noche?

- ¿Acostumbra la familia a irse de vacaciones? De ser así, ¿alterarían sus métodos de viaje y alojamiento para llevar a su perro con ustedes? ¿Qué harán si el perro se queda en casa? ¿Tienen amigos, familiares responsables, o una perrera confiable que puedan cuidar al perro todo ese tiempo?
- ¿Algún miembro de la familia padece de alergias que harían imposible tener ciertas clases de perros? (De ser así, tendrá que investigar qué razas son hipoalergénicas, como, por ejemplo, el perro de agua portugués).

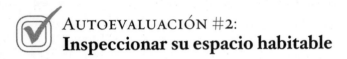

## AUTOEVALUACIÓN #2:
## Inspeccionar su espacio habitable

Antes de comenzar la búsqueda, tiene que comprender las "Reglas, Fronteras y Limitaciones" de su espacio habitable. Asegúrese de que está permitido tener perros donde usted vive. Lea el contrato de alquiler si es inquilino, o los estatutos de su asociación de vecinos para ver si hay restricciones sobre la tenencia de mascotas. Finalmente, esté al tanto de las leyes locales vigentes con respecto a los perros en su comunidad.

Luego, eche un vistazo a su alrededor. ¿Cuál es la situación del sitio donde vive? ¿Es un apartamento pequeño o una casa grande con patio? ¿Habita en una barriada suburbana o rural con amplios senderos para caminar y sitios naturales, o en una gran ciudad con escasas áreas verdes y mucho tráfico? Cuando piense en su nuevo perro, trate de imaginarse qué tipo de animal es adecuado para su espacio habitable. Un perro pleno de energía hacinado en un lugar pequeño sería con toda seguridad una elección inadecuada.

También debe considerar la distribución de su hogar. ¿Tiene habitaciones en las que no podrá entrar el perro? De ser así, ¿cuál es su plan de restricción de acceso? ¿Le permitirá o no al perro que se suba sobre los muebles? ¿Dónde permanecerá el perro gran parte del tiempo? La creación de sus "reglas caseras" antes de comenzar su búsqueda le ayudará a tener una mejor idea del tipo de compañero que elegirá.

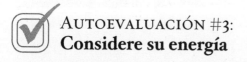

## AUTOEVALUACIÓN #3: Considere su energía

También debe considerar el estilo de vida y nivel de energía de su familia. ¿Les encanta sentarse ante el televisor, la computadora o los videojuegos después de cenar y permanecer así hasta la hora de dormir? ¿O son una familia activa que se levanta al amanecer los fines de semana para practicar senderismo, ciclismo, ir a la playa u otra aventura? No deberá adoptar nunca a un perro con un nivel de energía más alto que el de su propia manada, a menos que quieran cambiar su estilo de vida para adaptarse a la energía del perro. Un dálmata o terrier Jack Russel con gran energía serían una mala opción para una familia de poca energía, pero les iría de maravilla con los caminantes tempraneros.

Analice honestamente el estado emocional de su familia. Este es probablemente el factor más importante ya que la energía existente en su hogar influirá enormemente en la conducta de su perro. En muchos de mis casos, sólo me bastaba echarle un vistazo al perro para saber de inmediato que había problemas en la relación principal del hogar.

# Rosie, la Staffie estresada

Un mes antes de comenzar el rodaje del programa *César Millán, El líder de la manada*, el productor ejecutivo Gregory Vanger y mi asistente de adiestramiento, Cheri Lucas, viajaron a Londres con el propósito de comenzar la selección de perros para el programa. La primera parada fue Animal Helpline en Peterborough, Inglaterra. Como en muchos refugios, el equipo de voluntarios no posee el conocimiento para resolver muchos de los problemas de conducta con los que deben lidiar a diario.

Durante un recorrido por la instalación, Cheri conoció a Rosie, una hermosa terrier Staffordshire. La perra, confinada por su primera familia a un refugio con alto índice de eutanasias, iba a ser sacrificada dentro de pocos días, pero Animal Helpline la rescató y la recogió.

Sin embargo, el estrés que aquejaba a Rosie había comenzado a hacerse evidente. Rosie comenzó a padecer de una forma de sarna no contagiosa provocada por la tensión. Posteriormente, la ubicaron de nuevo en un hogar que la quiso, pero su nuevo dueño desarrolló una grave alergia a la perra y terminó en el hospital con un choque anafiláctico. Y contra la voluntad del dueño, Rosie tuvo que regresar a Animal Helpline... nuevamente.

Gracias a Cheri, ¡Rosie vino a formar parte del equipo de *El líder de la manada*! Pocas semanas después, montaron a Rosie en un avión para llevarla a nuestro Centro de Psicología Canina en España, sin la menor idea de la aventura que le aguardaba. Al llegar, nos esforzamos seriamente en curarle la sarna. Sus problemas de conducta eran ligeros, pero creó grandes habilidades para manipular a los seres humanos. Anteriormente, al carecer de reglas y límites, si no quería caminar, pues no iba a ninguna parte.

Mi equipo y yo pudimos rehabilitar rápidamente a Rosie. No demoramos mucho tiempo en transformarla: sólo necesitaba un líder firme. Ahora había que conectarla con una nueva familia. Y la pregunta fue: ¿Quién tenía el perfil adecuado?

Había varios candidatos compitiendo para adoptar a Rosie, entre ellos Debbie, una sobreviviente de cáncer, y una familia con dos niños. Debbie estaba en proceso de transformar su vida, pues no sólo había luchado contra la enfermedad, sino también con la obesidad y una gran depresión, y decidió presentarse en un rodaje de *El líder de la manada* para buscar un perro que formara parte de su nueva vida. El equipo de producción se inclinaba por la familia con dos niños adorables, pues querían que Rosie tuviera la familia cariñosa y estable que merecía.

Sin embargo, decidí que Rosie sería una mejor opción para Debbie. Creía que Debbie y Rosie tenían aspectos similares: ambas necesitaban rehabilitación, y ambas presentarían el reto justo para que su amor y aprecio aumentara durante el proceso de curación. Me hace feliz informarle que, mientras escribo estas páginas, a Rosie y a Debbie les va de maravilla juntas. Debbie está muy dedicada al proceso de ayudar a Rosie a convertirse en la compañía canina perfecta, mientras que Rosie parece estar dándole un nuevo propósito a Debbie. ▪

Tiene que ser honesto y determinar si hay problemas no resueltos en la dinámica familiar, ya sea entre cónyuges, entre los hermanos, o entre padres e hijos. Los perros captan fácilmente cualquier energía desequilibrada y, al detectar problemas en la manada, tratarán de asumir el liderazgo. Esto frecuentemente se manifiesta con el perro tratando de "proteger" al miembro más fuerte de la manada del más débil, adoptando conductas posesivas, y, a veces, agresivas.

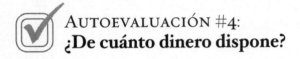

## AUTOEVALUACIÓN #4:
## ¿De cuánto dinero dispone?

Se supone que no es de buena educación hablar del tema dinero, pero tiene que considerar seriamente si la familia puede permitirse un perro. El cuidado adecuado de una mascota cuesta. Además de los costos iniciales de adopción, colocación del microprocesador de localización, las licencias, accesorios y la extirpación de ovarios o castración, tendrá que desembolsar cantidades mensuales para la comida y honorarios anuales del veterinario. Los gastos varían según el tipo y tamaño del perro, así como el lugar donde viva, pero la American Society for the Prevention of Cruelty to Animals, ASPCA (Sociedad Americana para la Prevención de la Crueldad con los Animales), estima que el promedio mensual de gastos para satisfacer las necesidades de un perro es de unos 70 dólares.

Esta cifra no incluye honorarios del veterinario ni seguro para el perro. Si no tiene seguro, al menos deberá reservar en una cuenta de ahorros unos cuantos miles de dólares en ingresos disponibles para un caso de emergencia repentina. Las mascotas, al igual que las personas, se lesionan y se enferman. Y tener esa red de seguridad puede aliviarle a la ecuación cierto grado de preocupaciones mientras el perro se recupera.

# FASE 2: Evaluación del perro

Una vez que haya concluido una evaluación honesta del estilo de vida, nivel de energía y dinámica de su familia, es hora de comenzar a considerar el tipo de perro que desean incorporar a su manada.

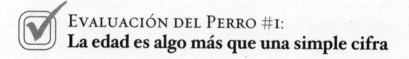

## Evaluación del Perro #1: La edad es algo más que una simple cifra

Los cachorritos son hermosos, adorables y difíciles de encontrar en los refugios porque son los primeros que se adoptan, pero la realidad es que exigen una inversión mucho mayor de tiempo, energía y dinero a la hora de incorporarlos a un hogar. Muchos problemas de conducta que después requieren ayuda profesional tienen su base en la manera como se cría un cachorro. A menos que un miembro de su familia pueda quedarse en casa todo el tiempo desde un par de meses hasta cerca de un año, y pueda dedicarle ese tiempo a un adiestramiento consistente, entonces el cachorro no es la opción ideal.

Los perros alcanzan la adultez entre el año y los 18 meses, y si se les cría adecuadamente hasta ese momento son menos propensos a generar problemas. Como mínimo, usted debe ser capaz de detectar cuestiones potenciales cuando vaya a conocer al perro en el refugio o grupo de rescate y decidir si está en condiciones de solucionarlas. Los perros adultos son más propensos a estar domesticados, y dependiendo de su temperamento y raza, sus niveles de energía son generalmente menores que los de los cachorros. Si no tiene mucho tiempo para dedicarle a un perro, entonces un adulto con menos de siete años es una buena opción.

Pero tampoco debe ignorar a los perros más viejos. Generalmente son los últimos en ser adoptados en un refugio, sin embargo, estarán con usted durante años. A menudo son más equilibrados y tienen menos energía que los perros más jóvenes. Si dispone de un espacio limitado y de poco tiempo para el adiestramiento y paseo del perro, entonces un animal maduro podría ser la elección perfecta para su núcleo familiar. El precio a pagar en estos casos es un mayor desembolso por gastos de veterinario, pero un perro más viejo es ideal para una persona sin hijos en casa, como un soltero o un matrimonio cuyos hijos se marcharon de casa.

No olvide tomar en cuenta su propia edad y nivel de energía cuando considere un perro para adoptar. Un cachorro con gran energía podría ser demasiado para un anciano, mientras que el perro con más edad tampoco podrá mantenerse a la par de un veinteañero pleno de energía.

Vuelvo a insistir en que sólo debe adoptar un perro con el mismo o menor nivel de energía que el de su manada humana. Considerar todas las opciones en lo que respecta a la edad incrementará las posibilidades de encontrar al perro ideal.

## Evaluación del Perro #2:
## Conocer las razas

Ya he explicado que los perros deben ser vistos como animales, luego como especie, luego como raza y finalmente por un nombre, en ese orden. Pero la raza puede ascender en importancia cuando adopte y tome decisiones de adaptación al estilo de vida. Mientras más pura sea la raza, el perro será más propenso a mostrar con mayor intensidad los rasgos inherentes a la misma, por lo que también tendrá necesidades específicas.

En el Capítulo 3, analicé los siete grupos de perros: deportivos, sabuesos, de trabajo, pastores, terriers, de juguete y no deportivos. Para satisfacer a los perros pertenecientes a esos grupos, podría ser necesario darles un trabajo apropiado a sus instintos de raza. Por ejemplo, los perros deportivos podrían necesitar mucho tiempo jugando a "atrapar y traer", mientras que los de trabajo se conformarían con llevar una mochila mientras pasean. Por su parte, los terriers necesitan con frecuencia el estímulo de retos mentales y les encanta trabajar por una recompensa, de manera que necesitarían juguetes que les permitan "encontrar la golosina". Asimismo, los sabuesos pueden ser corredores incansables, y son una opción magnífica si a usted le gusta trotar, patinar o montar bicicleta.

Cuando vaya a considerar un nuevo perro, es útil hacer su tarea, particularmente si le atrae una raza en particular. Existe una amplia gama de publicaciones sobre razas de perros, tanto en forma de libro como en Internet, y las normativas de raza del

American Kennel Club (AKC) con respecto al temperamento son una guía excelente sobre lo que deberá esperar de cada una.

Lamentablemente, vivimos en un mundo donde se han promulgado leyes específicas con respecto a las razas. Muchos edificios de apartamentos y asociaciones de vecinos no permiten determinadas razas, por lo que deberá investigar sobre ese aspecto. Aunque la agresividad es el rasgo de un animal con energía desequilibrada, tristemente se le atribuye a algunas razas, independientemente de la conducta o temperamento de un perro en particular. En ocasiones, ni siquiera importa si los perros son purasangres de una raza específica: si su apariencia es de una raza agresiva, se consideran agresivos y punto. Lennox era un perro cruzado que vivía en Gran Bretaña, vagamente parecido a un pit bull, sin reportes de conducta agresiva. Pero bastó su estatus de raza para que el Concejo de la Ciudad de Belfast lo confiscara y lo sacrificara en el 2012, a pesar de las protestas internacionales. Insisto, investigue primero para informarse sobre los perros que pudieran ir contra esos conceptos y leyes.

Finalmente, considere los problemas médicos posibles a los que ciertas razas muestran propensión. Por ejemplo, la displasia de cadera de los pastores alemanes, o los problemas de tiroides de los Pomeranias. Y lo digo una vez más: mientras más pura sea la raza, más propensión habrá de padecer los problemas inherentes a la misma. Investigue además los posibles gastos de tratamiento en una situación extrema, y luego añada la cifra a los costos financieros de adoptar un perro.

Si tiene tiempo para conocer las razas —sus necesidades, cuestiones y niveles de energía— podrá tener una mejor idea de lo que debe tener en cuenta en su búsqueda, y adoptar responsablemente.

# Evaluación del Perro #3:
## Seleccionar la energía correcta

He mencionado varias veces en este y otros capítulos que debe adoptar un perro con la energía correcta para su núcleo familiar. Pero ¿cómo puede determinar cuál es el nivel natural de energía de un perro? Visitar un refugio, donde mantienen enjaulados a los perros, puede ser engañoso, porque el perro en tal situación puede crear una energía frustrada y tensa que no refleja su estado normal.

Aproveche la ayuda de los voluntarios y personal del refugio y hágales preguntas sobre el perro que le interesa. Es muy probable que hayan estado algún tiempo con los perros y tienen una idea general de su temperamento y conducta. Como los trabajadores de los refugios no cobran comisión por perros adoptados, y saben que las malas combinaciones dan por resultado el regreso del perro, serán honestos e informativos.

Entre las preguntas que debe hacer están: ¿Cómo se lleva el perro con el equipo y los demás animales? ¿Cómo se comporta el perro a la hora de comer y del paseo? ¿Cómo reacciona ante los visitantes que se acercan a su jaula? ¿Desarrolla problemas aparentes con personas en particular, como niños u hombres?

Cuando crea haber encontrado una posibilidad, debe visitar el refugio con toda la familia para el ya mencionado "contacto". A la mayoría de los refugios les complace facilitar el encuentro y tienen una zona designada donde todos pueden reunirse con el perro sin correa. La observación del perro fuera de la jaula y con cierto grado de libertad puede revelarle muchos detalles. ¿Se distrae fácilmente con cualquier cosa? ¿Investiga a cada persona desconocida, o parece fijo en una sola? ¿"Marca" inmediatamente las diferentes partes de la zona de encuentro?

# Sofía, la perra italiana miedosa

Sofía fue uno de los casos más estremecedores con los que tuve que lidiar en el programa *El líder de la manada*. Cheri Lucas viajó a Roma con sólo 24 horas a disposición para encontrar el candidato canino perfecto para el programa. Un productor italiano que contratamos para filmar escenas de perros italianos para el programa la recibió y manejaron una hora a las afueras de Roma a un refugio en la campiña italiana con cerca de 400 perros, de los cuales, la mitad tenía una edad avanzada, y otra cuarta parte eran pit bulls o cruces de esa raza, muy rechazados en Italia. El resto presentaba múltiples problemas: agresividad por seres humanos u otros perros, miedo o conducta antisocial. Y allí estaba Sofía...

Sofía no estaba entre los "finalistas", una lista de perros compilada para el programa antes de visitar Italia. Como ya teníamos un "caso de temor" estábamos buscando un problema diferente que le diera más interés al programa.

Así lo cuenta Cheri: «Cuando pasé junto al sitio donde se encontraba Sofía, estaba rodeada de otras áreas llenas de perros que ladraban incesantemente, se tiraban contra la cerca, o giraban en círculos. La perra estaba aterrorizada. Tenía los ojos más grandes y expresivos que he visto en mi vida. Me impactó. Bastaba mirarla para querer ir corriendo en su ayuda», recuerda Cheri.

«Uno de los trabajadores del refugio me ayudó a entrar en la zona donde tenían a Sofía. Intenté ponerle una correa, pero mi presencia le provocó un pánico total. Sabía lo que debía hacer: no mirarla, no tocarla ni hablarle, pero no importó. El nivel de terror de Sofía era tan intenso, que creí que iba a desplomarse», añade.

La vida de Sofía era muy triste. Su dueño estaba preso por un delito desconocido.

Las autoridades encontraron posteriormente más de una docena de perros en su patio. Todos adultos, y todos parecían formar parte de la misma camada. Todos habían sido igualmente maltratados y cada uno de ellos estaba aterrorizado. El resto de los hermanos de Sofía permanecía en el refugio.

Cheri pudo amarrar finalmente a Sofía con la correa, y comenzar el proceso de sacarla de allí. «Estaba completamente cerrada, pero al final logré sacarla. En ese momento se desplomó. La única manera de regresarla a su área fue cargándola. Aunque sesenta y cinco libras de peso muerto es demasiado, pude lograrlo», agrega Cheri.

Por fortuna, el programa aceptó a Sofía. Una vez que llegó a España, comenzó a cambiar casi de la noche a la mañana. La atmósfera serena y plácida del Centro Canino en Madrid comenzó a obrar maravillas

*Continúa en la próxima página ...*

# Sofia (continuación)...

en ella. Al cabo de unos días, pude filmar mis primeros intentos de rehabilitarla.

Caí en cuenta de que incorporar a Sofía a la manada equilibrada de más de una docena de perros era en parte la respuesta de su recuperación. Como todo lo que Sofía conocía en su vida eran otros perros, era lógico usarlos para ayudar a Sofía a salir adelante.

De las tres parejas que querían adoptar a Sofía, me interesó particularmente la de dos jóvenes, Danilo y Sara, de Boloña, Italia. Danilo era un "amante de los gatos" y nunca antes había tenido un perro. Me fascinaba el hecho de que aquel hombre estuviera tan enamorado de los gatos, sobre todo del suyo, muy mimado, en particular. A Danilo le preocupaba que la adopción de una perra pudiera molestar al gato, algo que me divirtió, pero también me hizo reconocer lo serio que era incorporar una perra a una casa con un felino bastante consentido.

En este caso particular, los otros dos candidatos no estaban listos para un caso que exigía tanta dedicación. Tenían vidas activas y ocupadas, y buscaban un perro que les hiciera compañía. El temor de Sofía sólo mejoraría si su familia adoptiva estaba dispuesta a dedicarle tiempo y esfuerzo a su rehabilitación.

No hace falta decir que a Sara y a Danilo les va a las mil maravillas con Sofía. Sin embargo, después de visitar un veterinario en cuanto llegaron a su nueva casa, descubrieron que Sofía padece una rara enfermedad conocida como hipertensión pulmonar, imposible de detectar sin un examen veterinario intenso, pero nuestro equipo de producción está apoyando la atención de Sofía y ofreciéndole ayuda a la joven pareja que la adoptó. ∎

¿Es sociable o tímido? ¿Está en constante movimiento, o se calma rápidamente y demuestra una energía tranquila y sumisa?

Finalmente, si el refugio o grupo de rescate lo permite, la mejor manera de determinar si la energía y personalidad del perro es adecuada, es llevándolo a pasear (como si fuera un "viaje de prueba"). Esto le dará una idea de si el perro enfrenta problemas de halar la correa o tratar de dirigir la marcha. Si puede dar un paseo lo suficientemente largo como para agotar la energía del perro, también tendrá una idea de su temperamento real fuera de la perrera.

Pero más importante aun es mantenerse lo más objetivo posible durante el proceso. Ya tendrá tiempo para enamorarse del perro, pero esto será mucho más fácil si desde el principio encuentra al correcto. Podría ser fácil enamorarse del primer perro que le llama la atención y luego adoptarlo por complejo de culpa, pues no quiere dejarlo en el refugio. Pero esto puede con-ducir a malas decisiones. Seguramente no querrá traer a casa ese cachorro San Bernardo pleno de energía si vive en un apartamento de un dormitorio y trabaja doce horas al día.

Un perro no es un juguete y mucho menos un mueble, es un compromiso de por vida. Es mucho mejor rechazar las opciones que no van a dar resultado y encontrar el perro con el temperamento y nivel de energía adecua-dos para usted, que adoptar el perro equivocado y tomar luego la dura decisión de llevarlo de regreso al refugio. Con las preguntas y observaciones correctas —y paciencia— podrá tener más posibilidades de encontrar la opción perfecta para usted.

# FASE 3: ¡El viaje a casa!

Ya ha dado todos los pasos preadopción, ha visitado los refugios y encontrado el perro perfecto. ¡Felicitaciones al nuevo miembro de su manada! A continuación, otras tres medidas muy importantes que debe tomar ahora.

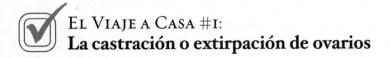

## El Viaje a Casa #1:
## La castración o extirpación de ovarios

Ahora vamos a tratar un tema algo delicado, por lo que tal vez sea adecuado decirles a los más pequeños que salgan de la habitación...

En muchos lugares, los perros adoptados en refugios de ciudades o condados deben ser castrados antes de salir, y esto se incluye usualmente en los costos de adopción. Hay excepciones en casos de criadores de perros certificados y con licencia, pero el costo de un perro intacto es generalmente mucho mayor. Por ejemplo, en la ciudad de Los Ángeles, la licencia anual para tener un perro castrado es de sólo 20 dólares, mientras que la del perro intacto es de 100 dólares más un permiso de 235 dólares y la implantación obligatoria de un microprocesador de localización.

A menos que usted sea un criador de perros profesional y responsable, no hay justificación posible para no castrar a un perro. A diferencia de los seres humanos que pueden aparearse en cualquier momento, los perros sólo sienten la necesidad de hacerlo cuando hay perras en celo cerca, y éstas sólo entran en ese estado dos veces al año, generalmente entre enero y marzo, y luego de agosto a octubre. Aparte de esas etapas, los perros no sabrán ni les importará lo que se están perdiendo. A pesar de la existencia de productos como Neuticles, cuya función es la de reemplazar las partes perdidas del perro, el animal no va a lamentarse por lo perdido, y tales "sustitutos de castración" cosméticos se inventaron más para beneficiar al ser humano que al perro.

La castración del perro también les resultará más sana a la larga, particularmente en el caso de las perras. La extirpación temprana de los ovarios puede evitar tumores mamarios e infecciones de las vías urinarias. Tanto para los perros como para las perras, la eliminación de señales hormonales puede producir un temperamento más regular y predecible. También evita los intentos de fuga en temporada de celo, y el posterior regreso con una camada inesperada y no deseada de cachorritos.

En el aspecto financiero, la castración es una pequeña inversión con una gran recompensa en el futuro, y muchos refugios y clínicas ofrecen programas de castración gratuita o a bajo costo. Y repito que muchos refugios incluyen el procedimiento como parte del costo de adopción.

La razón más importante para castrar o extirpar los ovarios es la sobrepoblación de mascotas. Cada año se sacrifican de cuatro a cinco millones de perros y gatos sin dueño debido a la superpoblación en los Estados Unidos. Y en el mundo existen seiscientos millones de perros callejeros. La castración es la forma más efectiva de solucionar este problema. Yo vi los resultados cuando visité Alemania durante la producción de *El líder de la manada*. En

ese país, las personas que tienen perros —con excepción de los criadores— tienen que castrarlos. Gracias a esto, Alemania no sufre del problema de perros callejeros que tiene Estados Unidos. El país ha reducido tanto el problema que está adoptando perros rescatados de otros países.

En lo que se refiere a ser un dueño responsable, usted debe proporcionar muchas cosas: comida, techo, orientación, adiestramiento y liderazgo. Pero lo mejor que puede hacer por su perro y por usted mismo es garantizar que no creará una generación de cachorros a los que nadie quiere. La decisión de castrar no requiere mucho esfuerzo mental. Es un procedimiento simple, seguro y económico que evitará muchos problemas durante la vida de su perro.

## El Viaje a Casa #2:
## El uso de microprocesadores de localización es indispensable

Hace mucho tiempo, los únicos sistemas disponibles para identificar a los perros eran las placas que se colocaban en el collar o los tatuajes, que nunca fueron tan populares o comunes. Ambos métodos tienen sus aspectos negativos, pues los perros que se escapan pueden perder fácilmente sus collares o placas, o los ladrones pueden quitarles estas identificaciones. De la misma forma, los tatuajes se pueden eliminar o alterar.

En los años noventa, esta situación cambió con la llegada del microprocesador RFID (identificación por radiofrecuencia), un dispositivo minúsculo e implantable con una vida útil de hasta 25 años. El microprocesador se codifica con un número único que identificará a su perro en caso de que se extravíe. Cuando su perro tiene un microprocesador de localización y está inscrito, es muy fácil atestiguar que es de su propiedad si alguien lo encuentra o lo roba y trata de decir que es suyo.

Al igual que la castración y la extirpación de ovarios, la implantación de microprocesadores contribuye en última instancia a reducir el problema de los perros callejeros. Aunque a algunas personas las puede inquietar la idea de una identificación implantable, los beneficios superan los perjuicios. Después de todo, no nos quejamos de las placas de nuestros vehículos y su perro es mucho más valioso que su coche, ¿cierto?

Los microprocesadores son dispositivos inofensivos y pasivos. A diferencia de los teléfonos celulares y otros aparatos electrónicos, los microprocesadores RFID no transmiten nada por sí mismos ni emiten ningún tipo de radiación perjudicial. Sólo se activan en presencia de un lector electrónico, que envía una señal a la que el procesador responde con el número de su codificación. Este proceso demora segundos.

En la medida en que los microprocesadores se vuelven más comunes y la tecnología en general se perfecciona, comenzamos a ver algunos usos alternos e interesantes de esta forma de identificación. Por ejemplo, hoy, una compañía fabrica una puerta para perros que usa su propio lector para detectar el microprocesador RFID. Si el detector reconoce a su perro, la puerta se abre. De lo contrario, permanecerá cerrada. Ahora, en vez de una ventanilla invitante que le da entrada a los perros de los vecinos, a otros animales o a ladrones oportunistas, usted puede darle a su perro su propia "llave personal".

Existe otra razón muy humana para considerar seriamente el uso de microprocesadores: el perro que lo tenga no puede ser abandonado. En otros tiempos, quienes querían deshacerse de un perro sólo tenían que quitarle el collar y las placas, llevárselo a un sitio remoto y sacarlo del coche. Sin embargo, un perro con un microprocesador implantado llevará ante las autoridades al dueño que lo inscribió. El RFID también ofrece una forma de seguimiento de los responsables de adiestrar perros para pelear o adoptar conductas agresivas contra los seres humanos. Al igual que un arma de fuego con número de serie, el dueño de un perro rescatado de un sitio de peleas ilegales o capturado en conexión con un delito puede ser detectado y considerado responsable.

El proceso de implantación del microprocesador es rápido, tan indoloro como una vacuna, y económico. Al igual que la castración, se incluye cada vez más en el costo de la adopción. Sólo tiene que considerarlo así: si le implanta un microprocesador a su perro nunca se arrepentirá, y si no lo hace y su perro se extravía, lamentará no haberlo hecho.

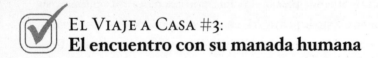

## EL VIAJE A CASA #3:
# El encuentro con su manada humana

Digamos que ya ubicó al perro perfecto con la energía adecuada para su familia y estilo de vida. Que investigó sobre la raza, decidió que puede satisfacer cualquier necesidad especial, y que todos los residentes del hogar están listos para asumir el papel de Líder de la Manada. Y además pasó por el proceso de adopción, incluyendo la implantación del microprocesador y la castración o la extirpación de ovarios, y que hoy es el gran día: el momento de traer a su nuevo perro a casa.

Este es el momento del proceso en el que muchos cometen el mayor error, con frecuencia a causa del entusiasmo de contar con un nuevo miembro de la familia. Manejan a casa, sacan al perro del coche, abren la puerta, le quitan la correa y dejan que explore su nuevo hogar... y el pobre perro no tiene la menor idea de adónde va ni de dónde se encuentra. Tal vez aparente que está entusiasmado investigando mientras corre de una habitación a otra, olfateándolo todo, pero no es así. Usted lo ha lanzado sin orientaciones en un entorno completamente ajeno, y estas primeras asociaciones permanecen. El sitio no le resulta familiar, huele distinto, y no hay manera de salir de ahí. Y si antes ha tenido mascotas en la casa, tendrá sus olores, y su nuevo perro estará confundido, sin saber si está invadiendo el territorio de otro animal.

Por lo tanto, regresemos a la puerta principal, al coche y al refugio. Antes de meter al perro en el coche, llévelo a dar un paseo intenso. Esto le ayudará a usar la energía acumulada en el refugio.

Una vez en el coche, deténgase unas cuadras antes de llegar a casa y vuelva a pasear el perro, esta vez hasta la entrada de su vivienda. Esto le permitirá familiarizarse con los olores e imágenes de su nuevo vecindario y sentirse confiado de estar ahí. También lo conocerá más a usted y a su energía, y usted comenzará a establecer confianza.

Finalmente, al llegar a la casa, no puede dejar que su nuevo perro comience a explorar. Condúzcalo a la puerta por la que siempre van a entrar y luego hágalo sentarse y espere hasta que muestre una energía tranquila y sumisa. Cuando abra la puerta, usted y la familia deben entrar primero. Sólo entonces invítelo a pasar, pero no le quite la correa y asegúrese de que todos pongan en práctica el método de "No tocar, No hablar, No hacer contacto visual" (Capítulo 2).

La idea es que usted introduzca lentamente a su nuevo perro en su nuevo sitio de residencia, habitación por habitación, y debe comenzar con aquella en la que tendrá la comida y el agua, pero haciéndolo esperar hasta que usted haya pasado por la puerta y lo haya invitado a entrar. Pídale que se siente mientras usted le prepara la comida y el agua. Después de que haya comido, se sentirá mucho más relajado. Sólo entonces podrá darle el recorrido por la casa, evitando aquellas habitaciones en las que no quiere que entre.

Al igual que con la primera habitación, hágalo esperar en el umbral de cada estancia hasta que usted lo invite a pasar. Manteniéndolo con la correa, deje que olfatee y explore cada nuevo lugar antes de llevarlo al próximo. Lo que está haciendo con este proceso es decirle al perro: «Este es mi territorio. Es mío, pero yo te dejo entrar». Esto hará que el perro sienta respeto por lo que es suyo desde el principio.

Una vez que hayan terminado el recorrido, llegó el momento de que su nuevo perro conozca a cada uno de los miembros humanos de la manada. Permítale que los olfatee primero y no deje que nadie le muestre afecto hasta que el perro llegue hasta ellos. Los líderes de la manada no van a sus seguidores. Los seguidores son los que van hacia sus líderes.

# ☑ El Viaje a Casa #4:
## Las presentaciones a la manada canina

Si ya tiene otro perro en casa, debe encargarse de la presentación de su nuevo perro a la mascota que ya vive en la casa. No los junte así como así. Aunque los niños pueden sentirse entusiasmados por tener un nuevo cachorro en casa, es posible que su perro existente no sienta tanto entusiasmo. Esa presentación podría ponerlo a la defensiva y provocar inseguridad en el nuevo perro, causando problemas. Analícelo desde el punto de vista de su perro más antiguo: ahí estaba tranquilo en su sitio, ocupándose de sus asuntos, cuando de repente entra corriendo un perro desconocido y los seres humanos parecen muy excitados... algo terrible debe estar ocurriendo. Y esa es precisamente la fórmula del fracaso.

La presentación de un nuevo perro a una manada ya existente necesitará de la ayuda de un amigo o familiar, pero los resultados valen la pena. Para decirlo en pocas palabras: cada uno de los participantes debe encontrarse en un territorio neutral mientras pasean a los perros; usted con el actual y la otra persona con el nuevo. Ambos deben encontrarse casualmente y caminar juntos con los perros en la parte exterior. Tal vez los perros sientan o no curiosidad por el otro de inmediato, pero es importante seguir avanzando por un rato y caminar hasta que haya disminuido el nivel de energía de ambos perros.

En este punto, usted puede llevar a ambos perros de regreso a casa, con los seres humanos entrando primero y luego invitando a los perros a que lo hagan. El resto del proceso de presentación es el mismo, excepto que ya puede quitarle al perro "antiguo" la correa a menos que éste trate de jugar con el "nuevo". En tal caso,

# Janna, la Malinois belga

Viajamos a los Países Bajos en busca de perros para el nuevo programa. Mientras visitábamos un refugio en las afueras de Amsterdam, encontramos una hermosa malinois belga de cuatro años, una raza de pastoreo que se asemeja a los pastores alemanes. Janna estaba en la calle cuando la rescataron. Como le habían implantado un microprocesador pudieron localizar a los dueños, quienes se negaron a recogerla, aludiendo que ya no la querían. Posteriormente la ubicaron en una casa con un anciano que falleció tres años después. Y una vez más, Janna tuvo que regresar al refugio Dierenopvangcentrum Enschede (¡Sí, la ortografía es correcta! El término *Dierenopvangcentrum* en holandés se traduce como "refugio para animales"). Sólo que esa vez, Janna había cambiado.

La perra se estresó enormemente a su regreso al refugio, adoptando la conducta obsesiva de morderse los cuartos traseros, las caderas y la cola, además de ladrar incesantemente. Janna ladraba durante varios minutos y no cesaba hasta agotarse totalmente. Esta conducta de automutilación la dejaba cubierta con su saliva. Como supimos desde el principio que podríamos ayudar a Janna a vencer su obsesión y a encontrar un buen hogar, fue seleccionada para participar en el programa *César Millán, El líder de la manada*.

Cuando Janna llegó a España, su conducta comenzó a empeorar. La noche que se quedó en casa de Cheri Lucas, abrió las puertas de un estante y "anidó" dentro. También cavaba agujeros en el patio, donde se echaba convertida en un ovillo. Esa conducta nos hizo pensar que estaba embarazada, pues la mayoría de los refugios de los Países Bajos no siguen la práctica regular de castración o extirpación de ovarios.

Una visita al veterinario determinó que Janna no estaba embarazada, pero padecía de un caso intenso de falsa preñez a causa de haber pasado por varios períodos de celo en los cuatro años anteriores sin tener cachorros. El veterinario explicó que la conducta de hacer nido expresaba la voluntad de la perra de buscar un sitio para parir sus cachorros imaginarios. Era un síndrome raro pero, más que eso, un trastorno casi intolerable con el que no se podía vivir. Comenzamos a suministrarle a Janna medicamentos holísticos y la hicimos participar en ejercicios de agilidad para agotar su energía excesiva. Los belgas pertenecen a una raza de gran energía que debe ser ejercitada absolutamente todos los días.

De las tres familias candidatas que solicitaron la adopción de Janna, me atrajo en gran medida una en particular. Esta pareja de Bélgica tenía un hijo adorable y precoz. Sven, el padre, estaba discapacitado a causa de un accidente industrial y no podía trabajar. Caminaba con un bastón y padecía de un dolor crónico que lo dejó gravemente deprimido. El apoyo incondicional del niño hacia su padre me emocionó, era evidente que los miembros de aquella familia se apoyaban mutuamente.

Aunque el caso de Janna era muy difícil debido a la cantidad de tiempo que necesitaba para rehabilitarse, sentí que esa familia era la idónea para ella. Estaba convencido de que Sven se dedicaría a ayudar a Janna a recuperarse totalmente, ya que él mismo estaba tratando de recuperarse del dolor crónico. Ambos formarían un equipo. Se derramaron muchas lágrimas durante el proceso de selección. Incluso los candidatos eliminados se emocionaron con las tribulaciones de aquella familia, y se alegraron mucho de que Sven y los suyos fueran seleccionados para adoptar a Janna. ▪

ambos deben permanecer con la correa puesta. Aunque tratar de jugar podría ser una señal excelente de que van a llevarse bien, deje el juego como recompensa para después de que el recién llegado haya hecho su trabajo de seguir su liderazgo y conocer el nuevo espacio.

Si sigue esos procedimientos cuando traiga un nuevo perro a su manada comenzará con "la pata derecha": demostrando liderazgo de la manada y estableciendo Reglas, Fronteras y Limitaciones desde el principio. Después habrá tiempo suficiente para el afecto, la diversión y los juegos; de hecho, tendrán toda una vida por delante para hacerlo. Pero todo lo que haga ese primer día afectará todo lo que ocurra de ahí en adelante. Vale la pena todo el esfuerzo para hacer las cosas debidamente.

# CAPÍTULO SIETE

# Cambios en la vida, su perro y usted

El cambio es una parte inevitable de la vida de todos. Una nueva casa, un nuevo bebé, una nueva pareja, son sólo algunos de los acontecimientos por los que pasamos. En tiempos de cambios e incertidumbres, es importante mirar hacia adelante mientras avanzamos. No se olvide de incluir a su perro en sus planes, pues las transiciones también lo afectarán. Aunque según mi experiencia, los perros tienden a enfrentar cualquier acontecimiento que la vida les ponga por delante mucho mejor que los seres humanos.

Los perros son una de las criaturas más adaptables creadas por Dios. Los seres humanos, sin embargo, somos harina de otro costal. Nos aferramos a cosas como emociones y recuerdos. Estas "cosas" nos estancan, por lo que acabamos viviendo en el pasado o sentimos temor o ansiedad sobre el futuro. En cuanto al presente... bien, gracias. Lo ignoramos totalmente.

Las personas se preguntan a menudo cómo logro resultados tan rápidos con los perros que rehabilito. La respuesta más sencilla es lo que tratamos en el Capítulo 3: los perros viven el momento. No sienten ansiedad ni temor ante el futuro. Esa es la esencia de su estado sumiso. Si los seres humanos pudiéramos aprender a apreciar y a enfocarnos en lo que está ocurriendo aquí y ahora, aunque no estuviésemos seguros de lo que el futuro nos deparará, seríamos capaces de sentir la riqueza de vivir que disfrutan otros miembros del reino animal.

Tal vez se esté preguntando por qué hablo de seres humanos en un capítulo dedicado a ayudar a su perro en las transiciones y cambios de la vida. Esto se debe a que los seres humanos son una de las principales razones por las cuales los perros enfrentan dificultades para ajustarse al cambio. Cuando se producen grandes cambios en nuestras vidas, proyectamos nuestras emociones, tristezas o entusiasmo a nuestro perro. El perro, en esencia, se transforma en nuestro espejo. Por esa razón, cuando trabajo por primera vez con un cliente, digo que el ser humano me narra la "historia" con todas las emociones, dramatismo y valoraciones; mientras que el perro me dice la verdad de lo que está ocurriendo. Cuando me acerco por primera vez a un perro con problemas, veo a menudo el siguiente patrón:

## Seres humanos =
*historia + emociones + energía + valoraciones + pasado/futuro*

## Perro =
*verdad + espejo de la energía humana +*
*ausencia de valoraciones + presente*

Los divorcios, muertes, nacimientos y nuevas relaciones son sólo algunas de las transiciones de la vida que afectan a los seres humanos, quienes, a su vez, afectan a los perros. Los perros ignoran cuál es la situación suya, sólo saben que su energía cambió.

Aunque existen cientos, o tal vez miles de libros de autoayuda para que podamos pasar por esas transiciones, se han publicado muy pocos para ayudar a los dueños de perros a facilitar la transición de sus animales por esos acontecimientos que cambian la vida. Pero con un poco de planificación anticipada y consideración, usted puede facilitarse a sí mismo, y a su perro, cualquier transición.

A continuación, algunas prácticas que le ayudarán a mantener un estado mental sano y equilibrado mientras el mundo cambia a su alrededor.

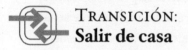

## TRANSICIÓN: Salir de casa

Salir de casa podría no parecerle una transición demasiado intensa. Probablemente es algo que hace todos los días. Pero en el caso de los perros, que son animales muy sociables, quedarse solos puede ser algo muy perturbador. En la Naturaleza, no es usual que los perros abandonen la manada. Quedarse solos en casa puede provocar incluso ansiedad por separación en algunos perros (Capítulo 5). Algo que para un ser humano es una pequeña transición, para un perro puede ser algo muy grande.

Para mantener el equilibrio, debe ayudar a su perro a comprender que esta parte de su rutina cotidiana es algo normal que no debe preocuparle:

1. Ensaye sus recibimientos y despedidas. Practique salir y entrar a la casa muchas veces antes de hacerlo realmente y dejar solo al perro por mucho tiempo. Cuando salga de la

casa para trabajar o estudiar, no haga demasiados aspavientos. Si el perro ve que usted está relajado y confiado, tendrá mayores posibilidades de sentir lo mismo.

**2** Mantenga tranquila la energía del perro. Asegúrese de que el perro esté tranquilo y relajado antes de salir o entrar a la casa. Llévelo a dar un largo paseo o participe con él en un juego vigoroso de "atrapar y traer" en el patio antes de salir en la mañana. Este ejercicio calmará a su perro y propiciará que permanezca relajado cuando usted salga.

**3** Un poco de compañía ayuda. Si tiene que dejar a su perro solo mucho tiempo mientras usted trabaja, el perro se beneficiará si tiene algo de compañía durante el día. Si puede regresar a la hora del almuerzo, use ese tiempo para ejercitar juntos. Si su horario no se lo permite, contrate a un caminador de perros profesional para que su perro disfrute de ejercicio y contacto humano. La actividad lo calmará, y la compañía le hará feliz.

**4** El aburrimiento es el peor enemigo. Cuando vaya a ausentarse, asegúrese de que su perro tenga entretenimiento suficiente. Como un perro aburrido puede ponerse ansioso y destructivo, coloque sus juguetes favoritos donde él pueda encontrarlos fácilmente en su ausencia. Si puede jugar, se sentirá menos ansioso cuando se quede solo.

## TRANSICIÓN:
# Una nueva pareja

Un año después de divorciarme, conocí a una hermosa domini-
cana llamada Jahira Dar, quien trabajaba como estilista de cele-
bridades en la tienda de ropa Dolce & Gabbana donde compro
parte de mi vestuario para el programa de televisión. Yo subía
en el ascensor hacia el departamento de caballeros, cuando nos
detuvimos en el piso para damas. Las puertas del ascensor se
abrieron y la vi afuera. Aunque no era el departamento al que yo
iba, salí para presentarme a Jahira. Después de una breve conversación la invité a cenar. Días después, comencé a enviarle fotos
de Junior y de Coco, el chihuahua de nuestra familia.

*Después de una presentación sin tropiezos, Jahira y Junior ya son miembros
de la misma manada.*

Al cabo de varios meses de noviazgo, decidí que había llegado la hora de presentarle a Jahira a la manada. Se necesita ser una mujer muy especial para permanecer tranquila y asertiva al conocer a mi manada.

Le presenté primero a Junior. Así recuerda Jahira el encuentro: «Estaba algo nerviosa porque pensé que si no le gustaba a Junior, mi relación con César terminaría rápidamente. Pero Junior vino hacia mí deliberadamente, moviendo la cola. Luego me olfateó y se echó a mis pies. Una vez que Junior me aceptó, el resto de la manada siguió su orientación. Me sentí muy aliviada».

El comienzo de una nueva relación amorosa despierta el entusiasmo de cualquier persona. Para garantizar que su perro acepte a su nueva pareja, hay que tener un plan. A continuación, algunas reglas simples que debe seguir a la hora de presentarle un nuevo amigo o amiga a su manada:

1. Vaya despacio. No le oculte su nueva relación a su perro, pero tampoco lo obligue a participar en ella. Desde el principio, ponga en práctica el método de "No tocar, No hablar, No hacer contacto visual" hasta que el perro se familiarice con la nueva relación y adopte un estado tranquilo y sumiso en presencia de su nueva pareja.

2. Trabajen unidos. Después de establecerse la compatibilidad, comiencen a compartir tareas como alimentar y llevar al perro a pasear. Al principio háganlo juntos y pásele gradualmente algunas de esas responsabilidades al nuevo miembro. Pero tenga cuidado de no convertir a su pareja en la "intrusa" del hogar. Establezca Reglas, Fronteras y Limitaciones con referencia a la participación de su perro en su

nueva relación. Y sea coherente con el establecimiento de esas reglas.

**3** Mantenga la energía positiva. Si su perro y su nueva pareja no se llevan bien desde el principio, no discutan por el perro, especialmente cuando estén delante de éste. Aunque el perro no entienda lo que dicen, podría asociar al nuevo miembro del hogar con la energía negativa y las peleas.

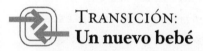

## TRANSICIÓN:
# Un nuevo bebé

Como nuestros perros están muy sintonizados con nosotros, saben que algo inusual está ocurriendo cuando viene un bebé en camino. Generalmente, los futuros padres están ansiosos y los perros se dan cuenta. Muchos padres potenciales se preocupan por cómo se adaptará su perro a la presencia del nuevo niño. Y es bueno preocuparse. He trabajado con una enorme cantidad de perros cuyas familias no manejaron bien la transición. La mejor sugerencia que puedo darle es hacer un plan y seguir estos consejos para lograr una transición sin tropiezos, preparando a su perro y a todos los demás con vistas a la llegada del nuevo miembro de la familia:

**I** Concentrarse en el liderazgo. Como nueve meses son más que suficientes para resolver la mayor parte de los problemas y establecer las Reglas, Fronteras y Limitaciones sobre el nuevo bebé, use ese período para afianzar su posición como Líder de la Manada y asegurar que su perro adopte regularmente un estado tranquilo y sumiso.

(2) Esté al tanto de su energía. El embarazo afecta a todo el núcleo familiar. Es posible que se sienta excitado, ansioso o preocupado, o una combinación de los tres. Recuerde que su perro reflejará sus emociones.

(3) Reclame el olor de su bebé. Antes de traer el niño a casa, introduzca un objeto que contenga su olor —por ejemplo, una sábana— en casa. Durante este ejercicio, es crucial que establezca fronteras claras. Pídale al perro que, mientras usted sostiene el objeto, lo olfatee de lejos. Al hacerlo, está comunicándole que ese objeto es suyo. Luego dele permiso para olfatearlo de cerca. Así le demostrará que ese nuevo objeto le pertenece, y que él deberá cumplir sus reglas cuando esté cerca de éste. Esto iniciará el proceso de establecer respeto por el bebé.

(4) Establezca fronteras alrededor de la habitación del bebé. Le recomiendo que al principio no deje entrar al perro. Acondiciónelo a entender que existe una barrera invisible que no puede cruzar sin su permiso. Como ya su perro se habrá aclimatado al olor del bebé, será menos propenso a violar esa regla. Finalmente podrá permitirle al perro que explore y olfatee ciertas cosas de la habitación, pero bajo supervisión suya. Repita esa actividad varias veces antes de que llegue el bebé.

(5) Controle la presentación del bebé . Antes de que su perro conozca al bebé, llévelo a dar un paseo para agotar toda su energía. Al regreso, no lo deje entrar hasta que no adopte un estado tranquilo y sumiso. La persona que tiene cargado al

*Una energía tranquila y asertiva es vital cuando le presente*
*el nuevo bebé al perro de la familia.*

bebé también debe adoptar un estado totalmente tranquilo
y asertivo. Se le debe permitir al perro que olfatee al bebé,
pero respetando las distancias. Durante el primer encuentro, no le acerque mucho el bebé. Posteriormente, se le
permitirá al perro acercarse cada vez más al bebé, siempre
y cuando adopte un estado tranquilo y sumiso. Si el perro
muestra agitación, concluya el proceso de presentación y
pruebe hacerlo nuevamente cuando se haya calmado.

6  No se olvide del perro. Como un nuevo bebé puede abru-
mar a toda una familia, es importante dedicar tiempo a prestarle atención a su perro. Un perro no necesita juguetes ni
atención especial para sentirse querido. Sólo hay que tratar
de mantener la rutina de la alimentación y paseo diarios.

Esto le ayudará al perro a sentirse seguro, y a relajarse ante el nuevo miembro de la familia y toda la atención que está recibiendo.

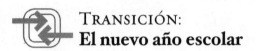

## Transición:
# El nuevo año escolar

Cada septiembre, cuando mis dos hijos Andre y Calvin comienzan el nuevo año escolar, cambia toda nuestra programación. Nos toma unas cuantas semanas adaptarnos a las exigencias de levantarnos más temprano en la mañana, al estrés de llegar puntualmente a la escuela, y a la rutina extraescolar de deportes, tareas y juegos. Después de la libertad de las vacaciones de verano, Andre y Calvin tienen que regresar a las reglas y limitaciones cotidianas que la escuela les impone naturalmente. Pero no son los únicos.

Aunque el regreso a la escuela es una etapa usualmente plena de entusiasmo y diversión para los seres humanos de la casa, puede significar soledad y aburrimiento para el perro. Durante todo el verano, es común que haya alguien en casa con el perro. Pero cuando todo vuelve a la programación habitual, el perro podría sentirse abandonado, e incluso deprimirse o padecer de ansiedad por separación.

Entre los síntomas de depresión sobre los que debe estar atento figuran: apatía, falta de energía, pérdida del apetito, esconderse o encogerse de miedo y no querer jugar. A diferencia de la depresión, la ansiedad por separación (Capítulo 5) se manifiesta mediante una conducta errática, incluyendo ladrar y gemir excesivamente, arañazos frenéticos a las puertas, ventanas o cercas para escapar, mordidas destructivas y hacer sus necesidades dentro de la casa.

Los perros que padecen ansiedad por separación se ponen frenéticos cuando la familia regresa a casa, mientras que los deprimidos ni siquiera se levantarán de su cama.

Si su perro confronta problemas en la etapa de regreso a clases, le doy algunos consejos para facilitar esa transición:

**1** Haga que su perro participe de la rutina matutina. Una simple rutina puede aliviar el estrés que siente su perro. Cree una programación con su familia en la que participen todos. Cada mañana, alguien deberá levantarse un poco más temprano, aunque sea unos 15 minutos antes, para llevar a pasear al perro o a correr en el patio antes de comenzar el día. Esto no solo le hará saber al perro que se preocupan por él, sino que, además, la liberación de esa energía adicional lo hará menos propenso a conductas destructivas cuando ustedes se marchen.

**2** Practique la rutina de "salir de casa". En la primera transición de este capítulo, sugerí pasos para hacer que su salida de casa no le provoque estrés a su perro. Aunque a sus hijos les afecte dejar solo al perro durante el día, es necesario que no se lo demuestren al salir. Si el perro detecta que están incómodos, se incomodará también. Cuando todos regresen de la escuela y del trabajo, mantengan la misma actitud y no le den demasiada importancia a la llegada.

**3** Tenga una rutina nocturna. Es fácil olvidarse del perro al término de un largo día. Hay que preparar la cena, hacer las tareas, y todo el mundo estará agotado por las actividades del día. Pero el perro los ha estado esperando todo el día, y seguramente tiene reservada bastante energía. Después de que coma, deberá llevarlo a pasear o a jugar un rato.

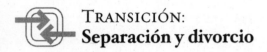

## TRANSICIÓN:
# Separación y divorcio

Las rupturas vienen acompañadas inevitablemente por la división de posesiones materiales como la casa, los coches y los muebles. Cualquier abogado de divorcios o terapeuta matrimonial le dirá que, usualmente, éstas son las cosas que se pueden manejar más fácilmente en una separación. Sin embargo, los niños y los perros no. Lamentablemente, las disputas por la custodia de los hijos se producen con demasiada frecuencia. Después que Ilusión, mi exesposa, y yo nos divorciamos, nuestros dos hijos no quisieron vivir con uno solo de los padres: Andre decidió vivir con su madre, mientras que Calvin quiso quedarse conmigo. Este tipo de cambios es difícil para cualquier familia, y también para su perro, que detectará su tensión e incomodidad.

Si va a separarse de su pareja, le propongo estas estrategias para que la transición le sea más llevadera a su perro:

1. Evite las disputas de custodia. Las leyes de divorcio de la mayoría de los estados de Estados Unidos consideran los perros como parte de la propiedad. O sea, que pueden repartirse como los coches o los muebles. No deje que sea la corte quien decida adónde irá el perro. Trate de ponerse de acuerdo con su excónyuge antes de que el perro se convierta en una víctima de la pelea. Si tiene niños que están apegados

al perro, recomiendo con frecuencia que el animal se quede con los niños. Muchas personas han llegado a incluir al perro en los acuerdos matrimoniales para evitar una pelea en caso de ruptura.

**2** Piense en los niños. Varios estudios revelan que los niños de familias que tienen perros experimentan menos estrés después de un divorcio que los niños de familias sin perros. Resulta lógico pensar que los perros, en su condición de compañía viviente, sean indispensables en momentos de transiciones y cambios, y aparentemente los niños son los que más se benefician con su presencia continua en el hogar.

**3** Esté atento a cualquier problema de conducta. Los perros cuyos dueños se divorcian adoptan a menudo conductas agresivas nunca antes experimentadas. La tensa energía existente en el hogar donde hay un divorcio puede afectar a los perros de la misma forma que a los miembros de la familia. Es importante ejercitar mucho a los perros durante la ruptura, porque así podrán liberar la ansiedad y tener un descanso del entorno estresante.

**4** Sus circunstancias serán diferentes. Sea honesto consigo mismo sobre las opciones de su vida, y cómo ésta cambiará después del divorcio. He visto con demasiada frecuencia cómo muchas familias divorciadas llevan sus perros al refugio. Numerosos cónyuges que quisieron el perro durante el proceso de divorcio descubren que no pueden ocuparse del animal por cuestiones de trabajo, o por encontrar a otra pareja a la cual no le gusta el perro.

**5** Trate de mantener la calma. Lo más importante que debe recordar sobre su perro es que sus emociones se reflejarán en la conducta del animal. Aprender a calmarse y proyectar una energía relajada y asertiva en presencia de su perro, no sólo lo beneficiará, sino que será también de gran utilidad para el resto de la familia.

## TRANSICIÓN:
# Mudanzas y viajes

Como promedio, los estadounidenses se mudan una vez cada cinco años. O sea que dentro de la expectativa de vida del perro, usted cambiará de domicilio de dos a tres veces. Los psicólogos afirman que una mudanza está en la lista de los diez acontecimientos más traumáticos en la vida de una persona. De ser así, podrá imaginarse el efecto que el hecho de mudarse tendrá para su perro. A continuación, algunos consejos prácticos para facilitar el tránsito a un nuevo hogar, particularmente si para mudarse debe recorrer largas distancias:

**1** Hágale un examen médico al perro. Consulte con su veterinario para determinar si su perro soportará el viaje, y qué medidas de precaución médica serán necesarias para que el perro viaje con seguridad. Generalmente, los perros pueden estar más de 72 horas sin comer. Junior y yo hemos viajado el mundo entero, y no le doy comida en las mañanas cuando viajamos.

**2** Practicar. Practicar. Practicar. Piense que sus perros son astronautas. Antes de salir al espacio, los astronautas practican la vida en un espacio restringido con opciones limitadas de alimentación. Y se acostumbran a controlar la ansiedad de estar encerrados por tanto tiempo en el espacio. Haga lo mismo con su perro usando una caja o transportador de animales, preferiblemente el mismo en el que viajará cuando llegue el momento del traslado. Incremente gradualmente el tiempo de permanencia.

**3** Convierta el espacio en un sitio agradable. Ayude a que su perro asocie el sitio en que va a viajar con cosas positivas. No le tenga lástima ni se incomode. El perro detectará inmediatamente sus emociones, y esto podría provocarle ansiedad.

**4** Investigue. Si se traslada a otro país, investigue las reglas de cuarentena. En algunos países están prohibidas ciertas razas, y seguramente no querrá que le decomisen el perro en la aduana. Si su perro debe pasar una cuarentena, trate de visitarlo todos los días si es posible. Pídales permiso a las autoridades de control de animales para que le dejen pasearlo.

**5** ¡Hágale sitio! Si va a viajar en automóvil, investigue sobre la existencia de hoteles que aceptan mascotas en el camino. No deje al perro solo en el vehículo durante la noche. Si el perro aúlla o ladra en habitación del hotel, es probable que se sienta nervioso y está tratando de comunicarse. No gratifique esa conducta dándole afecto o expresándole simpatía. Trate de darle un paseo largo para agotar su energía.

**6** Ejercitar antes de salir. Independientemente de cómo va a viajar con su perro, asegúrese de dar un paseo extra largo, ya sea corriendo o caminado, en la mañana del viaje para agotar su energía. El viaje será menos estresante si el perro tiene bajos niveles de energía.

## TRANSICIÓN:
# Un fallecimiento en la familia

La historia de Capitán, un pastor alemán, cautivó a los Estados Unidos en el 2011. Capitán se escapó de su casa después del fallecimiento de Manuel Guzmán, su dueño, en el 2006. Una semana después, la familia de Guzmán, que vive en Córdoba, Argentina, encontró al perro entristecido ante la tumba. El perro permaneció los siguientes seis años en el cementerio, atendido por los enterradores que le dieron de comer y lo cuidaron.

Un perro que ha perdido a un compañero o a un miembro de la manada pudiera mostrar señales de aflicción como falta de apetito, conducta esquiva, e incluso una necesidad de atención y afecto. La confianza y el sentimiento de pertenencia a una manada desaparecen con la pérdida de uno de sus miembros. Algunos perros vagan por la casa, tratando de reconciliar el olor persistente de los miembros fallecidos de la manada con el hecho de que ya no están.

Estos son algunos consejos para ayudar a los perros durante el proceso de aflicción:

**1** Los perros sienten la pérdida. Su perro puede mostrar síntomas de aflicción, como pérdida del apetito y pereza. Es algo natural.

**2** Los perros conocen el olor de la muerte. Si es posible, deje que el perro olfatee alguna parte del cuerpo para que pueda darse cuenta de la situación y pueda "cerrar el capítulo".

**3** Mantenga su rutina. No deje de atender al perro repentinamente. Esa es precisamente la etapa en que el perro necesita más el paseo. Trate de cambiar la ruta del paseo para variar su estado mental, o llévelo a un sitio nuevo. No sienta lástima por el perro, trate de mantener la rutina lo más apegada posible a la normalidad. Siga ejerciendo un liderazgo firme.

**4** La vida sigue su curso. Ofrézcale al perro nuevos desafíos, ambientes y aventuras lo más rápido posible para que reconozca que la vida no se detiene.

Desde que tengo uso de razón, los perros han sido mis mejores maestros, y Daddy, el primer perro que fue mi mano derecha, me enseñó una de las lecciones más importantes y difíciles al final de su vida. Tuve el gran privilegio de trabajar con Daddy durante 16 años, y él me enseñó lo que es el dominio de la capacidad de aceptación. Adondequiera que íbamos juntos, infundía paz. Daddy los aceptaba a todos: gatos, conejos, incluso a las personas a quienes le desagradaban los pitbull.

En febrero de 2010, poco antes del fin de la vida de Daddy, tuvimos un momento increíble de contacto visual. Daddy me miró con sus ojos color miel, de una forma que me llegó al corazón y me estremeció hasta la raíz. Cuando lo recuerdo ahora, creo que fue la forma a la que recurrió Daddy para decirme que me estaba acomodando demasiado a mi vida, a mi negocio y a mis relaciones. Su muerte, pocos días después, fue parte de una llamada de alerta emocional. Fue la manera en la que Daddy me dijo: «Toda tu vida tiene que cambiar».

El fallecimiento de Daddy fue algo difícil para mí y para toda mi familia. Lloramos su muerte y tratamos de celebrar los logros de su vida. Al cabo de unos dos meses, Junior, mi orgulloso pitbull azul, asumió su lugar como mi mano derecha. Esta transición se llevó a cabo de forma muy natural. Un día, Junior y yo caminábamos juntos hasta la cima de la montaña en el DPC, y el perro me miró tal y como Daddy lo hizo en muchas ocasiones. Una mirada de amor y apoyo ilimitado, como si Junior estuviera diciéndome: «Todo va a marchar bien, César. Aquí estoy para ayudarte, pero tú necesitas estar aquí también para ayudarme».

Ser Líder de la Manada no se limita a guiar a la manada durante las transiciones. Es también guiarse a sí mismo por esas transiciones.

Ningún miembro de la manada —incluyendo su líder— puede estancarse en el pasado ni sentir ansiedad por el futuro cuando se enfrenta a un cambio.

Los cambios y transiciones son formas mediante las cuales la Naturaleza pone a prueba a los líderes de la manada y perfecciona sus destrezas de liderazgo. Es precisamente en los momentos difíciles cuando más se necesita ese liderazgo. En los viajes que he realizado durante los últimos años he conocido a

*Daddy y yo compartimos 16 años maravillosos.*

muchas personas que se debaten ante transiciones muy serias en sus vidas, provocadas por todo tipo de acontecimientos; desde penurias económicas a desastres naturales. Pero el factor que los une a todos es que esas pruebas son el tipo de cosas que traen a la luz lo mejor de nosotros y de nuestros perros. Y si estamos en armonía con la Naturaleza, y respetamos los Principios Fundamentales, podremos usar ese conocimiento para ser más fuertes y avanzar con confianza.

# CAPÍTULO OCHO

# La Fórmula de la Satisfacción

Durante varios veranos fui uno de los conferencistas en un evento anual en Aspen, Colorado, conocido como *Cesar Whispers in Aspen* ("César 'encanta' en Aspen"), presentado por la organización Friends of the Aspen Animal Shelter. Es un gran evento social al que asisten amantes de los perros y gran parte de los residentes acaudalados de la ciudad que hacen de Aspen su escondite veraniego. A menudo se pueden ver en el público a directores de compañías Fortune 500, artistas, a personalidades de los medios de comunicación y a políticos.

Increíblemente, me invitan a hablar del tema de los perros y de lo que yo llamo "liderazgo de la manada". ¿Qué podría ofrecerles yo, un chico pobre de clase trabajadora procedente de México, a unas de las personas más exitosas en los Estados Unidos? Pues resulta que puedo ofrecerles mucho. Sé que el secreto para mejorar sus relaciones con sus perros también puede mejorar sus propias vidas. ¿Y cuál es el secreto? Lo que yo llamo "la Fórmula de la Satisfacción".

Esta fórmula, creada durante muchos años de trabajo con perros y seres humanos, es la mejor manera que conozco de acceder al poder del liderazgo. Si participa en un programa regular de "Ejercicio, Disciplina y Afecto... en ese orden", estará más preparado para responder a cualquier cosa que le ocurra en la vida (Capítulo 4).

Esta fórmula se fundamenta en las Leyes Naturales Caninas y los Principios Fundamentales que ya hemos tratado en este libro. La fórmula agudiza sus instintos y es clave para tener una energía tranquila y asertiva, que le ayudará a sentirse más satisfecho con todo lo que hace. Practique esta fórmula, y tendrá una mejor relación con su perro, con sus seres queridos, y consigo mismo.

La fórmula de satisfacción es simple, pero seguirla de forma constante no siempre es fácil. Si lo fuera, todos podrían realizarla y yo me quedaría sin empleo. Además, los perros estarían equilibrados y todos serían felices. Lo que la hace un reto es que toma tiempo. Y compromiso. Y dedicación. Y la capacidad de seguir practicándola, aunque sea difícil. Además, exige la capacidad para evaluar su vida con honestidad, y reconocer cuándo las cosas están fuera de equilibrio.

Para ayudarle a comprender el poder de la fórmula de satisfacción, voy a desglosar cada componente para garantizar que usted sepa cómo aplicarlo, a fin de enriquecer la vida de su perro y la suya.

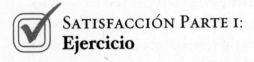

## Satisfacción Parte 1: Ejercicio

El primer paso para tener una manada canina equilibrada es además la regla principal de la fórmula de satisfacción: el ejercicio. Cada vez que he confrontado problemas en mi vida, el ejercicio

*Patinar con su perro es una forma idónea de agotar la energía acumulada.*

me ha sacado adelante. Ahora me da propósito, energía, concentración, consistencia y es un vehículo para relajar tensiones, estrés y exceso de energía.

En los seres humanos, el ejercicio puede incorporar un elemento de espiritualidad, pues nos anima, nos transforma y nos libera de cualquier carga que nos abrume.

Cuando empecé a corregir mi vida después del divorcio, comencé a levantarme a las 4:30 de la mañana con energía renovada. Corría con los perros o boxeaba con un entrenador llamado Terry Norris, quien puso fuera de combate en una ocasión al mismísimo Sugar Ray Leonard.

Todos sabemos que el ejercicio nos beneficia, aunque el 25 por ciento de los estadounidenses no ejercitan con regularidad. Incluso muy pocos participan en un tipo de ejercitación vigorosa regular que considero esencial, tanto para usted como para su perro. Si lo hace, dormirá mejor, tendrá mejor apariencia, pensará con mayor claridad, y vivirá más. Estar sentado durante mucho tiempo revierte los buenos efectos que pudiera reportarle hasta un programa regular de ejercicios vigorosos. Un estudio publicado en la revista *Circulation* llegó a la conclusión de que por cada hora que una persona pasa ante el televisor, aumenta el riesgo de muerte por problemas cardiacos en un 11 por ciento.

## ESTAR ACTIVO EN EL MOMENTO

La mejor manera de alejarse del sofá es tener un perro. Durante una visita a Canadá, conocí a un joven que trabajaba en una tienda Canadian Tire. Como estaba muy pasado de peso, decidió ejercitar con su perro después de ver mi programa de televisión. Aquel joven obeso perdió más de cien libras y creó su propio negocio de caminar perros en la mañana. Su apariencia es excelente, se siente de maravillas y recuperó la salud.

Cuando camino con mi manada por las colinas que rodean al DPC, el sentimiento de estar en el momento es increíblemente fuerte. Estoy conectado con la Madre Naturaleza y haciendo algo que beneficia a mi cuerpo. Recientemente, alguien me preguntó en qué pienso cuando camino con 50 perros. La respuesta es: en nada. Para mí, caminar con los perros es sentimiento, no pensamiento... Es sentir quietud y paz.

Para muchas personas, pasear con un perro es una experiencia estresante. Nos preocupamos por el otro perro que se acerca o por la cercanía de un vecino a quien le desagradan los perros. Nos preocupamos si nuestro perro ladra, corre demasiado rápido, o hala la correa. Eso no es estar en el momento, y usted nunca logrará la quietud en ese estado mental. No es por azar que los perros en los Estados Unidos ejercitan menos que los de otras partes del mundo... ¡sus dueños están demasiado estresados!

Trate de estar en el momento cuando vuelva a pasear a su perro. Trate de olvidarse de lo que le ocurrió en la oficina, o a los niños en la escuela. Y especialmente, no se preocupe por la forma en que su perro actúe o si se comporta mal en el paseo. Por el contrario, visualice un rato apacible, exitoso y agradable con el perro. Manténgase enfocado en las imágenes, olores y sonidos del paseo en sí. Concéntrese en las señales mudas entre usted y su perro. Si su mente comienza a divagar o siente que le sobreviene la ansiedad, concéntrese en su respiración. También puede usar los ejercicios de energía que aprendió en el Capítulo 4.

## La Cantidad Correcta de Ejercicio

Por supuesto, la cantidad adecuada de ejercicio que necesita su perro depende del nivel de energía y capacidades físicas del mismo, y, en algunos casos, las características de su raza. Los perros ancianos o con poca energía se agotan después de una vuelta o dos a la manzana, mientras que los que tienen más energía, particularmente los pertenecientes a los grupos de trabajo, deportivos y sabuesos, podrían necesitar más de una hora de caminata, y tal vez la incorporación de un poco de trote, carrera o senderismo. Aunque los cachorros pueden tener mucha energía, también carecen de la tonificación muscular apropiada para un ejercicio agotador, pero generalmente le comunicarán si hay que parar pasando a la modalidad de descanso cuando se agota su energía.

En todos los casos, recuerde los siguientes aspectos cuando ejercite con su perro:

① Esté atento a la sofocación. Esto se aplica tanto para usted como para su perro. Si siente demasiado calor, lo mismo le ocurrirá a su perro. Sea precavido en días muy calurosos, trate de ejercitar por la mañana o la noche, y lleve consigo agua suficiente. Si el perro comienza a mostrar señales de insolación, busque ayuda médica inmediatamente. Entre los síntomas de insolación están: jadeo intenso y dificultad para respirar; salivación excesiva; encías blancas y pálidas; debilidad o confusión; vómitos y diarreas. Si no puede llevar al perro inmediatamente al veterinario, échele agua fría o tibia (nunca helada) en el cuerpo. Si es posible, use también un ventilador junto con el agua.

② Sea constante con su propio programa de ejercicios. Correr dos millas un fin de semana y luego no hacer nada durante la semana puede provocar estrés adicional en las articulaciones del perro, y en las suyas.

Es mejor hacer múltiples caminatas cortas durante la semana—por lo menos dos veces al día— que hacer todos los ejercicios posibles en una sola sesión. Si le es imposible pasear a su perro todos los días de la semana, entonces trate de buscar alternativas bajo techo:

- Haga que el perro suba y baje las escaleras (por supuesto, supervisado por usted).
- Cree una pista de obstáculos con objetos del hogar para practicar agilidad.
- Esconda golosinas por la casa para que el perro las busque.
- Juegue al "escondido" o a "atrapar y traer".

- Preséntele la cinta de correr a su perro, y luego enséñele a correr o trotar sobre ella.

Independientemente de que pasee dos veces al día (lo preferible) o alterne días de actividades bajo techo con paseos, debe mantener la programación lo más regular posible, para que su perro mantenga el equilibrio.

**3** Cuide las patas de su perro. Correr sobre cemento —especialmente cuando la luz del sol lo calienta— puede lesionar la parte inferior de las patas de un cachorro, provocando incluso que mude la piel. Deje que el perro joven descanse abundantemente, caminando o corriendo sobre superficies más suaves como césped, hasta que haya creado los callos de adulto que lo protegerán. En el caso de perros adultos, no camine sobre superficies calientes, particularmente asfalto, que puede quemar rápidamente en días soleados, y en particular a media tarde. El concreto blanco o de colores claros no retiene el calor de la misma manera y es más seguro. Cuando haga demasiado calor, trate de permanecer el menor tiempo posible cruzando calles o en estacionamientos, y proporciónele al perro tiempo suficiente para refrescarse en el césped.

Una buena forma de probar si no debe dejar que el perro camine demasiado por un sitio es probar con sus pies descalzos. Si usted no puede soportar el calor, es posible que su perro tampoco.

**4** Conozca los límites de su perro y los suyos. Si su perro adopta un estado tranquilo y sumiso, estará comunicándole que ha ejercitado lo suficiente. Además, en la medida que usted dedique más tiempo a estar en el momento durante los paseos, tomará más conciencia del estado mental de su perro, y comenzará a saber cuándo deben parar. Si están en mitad del paseo y cualquiera de los dos se cansa demasiado para seguir, no hay nada malo en sentarse juntos tranquilamente durante unos minutos, hasta que estén listos para continuar. Además, conocer los límites de su perro le ayudará a detectar cualquier problema de salud u otras causas de preocupación con anticipación. Por ejemplo, un perro que le encanta caminar durante largo tiempo tres veces al día, pero de repente quiere parar durante un paseo corto, tal vez tenga un problema por el que vale la pena visitar al veterinario.

El ejercicio es importante y sano para usted y su perro. Cuando se comparte adecuadamente el paseo, su perro se mantendrá equilibrado, usted estará en forma, y ambos tendrán la mejor experiencia de acercamiento posible.

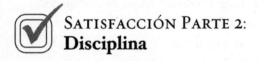 SATISFACCIÓN PARTE 2:
## Disciplina

Al igual que con *dominación* y *control*, *disciplina* es otra de esas palabras que algunas personas pueden percibir fácilmente como negativas, como ya he dicho en la sección "Cómo leer este libro" (página 17).

Pero tenga en cuenta que esta palabra es muy similar a *discípulo*, y que ambas proceden de términos en latín que describen

*La disciplina es parte esencial de la satisfacción de las necesidades de su perro.*

a un alumno, así como a la instrucción que éste recibe. Por lo tanto, en vez de considerar la disciplina como castigo, es mejor adaptarla a la idea de usted enseñando y su perro aprendiendo, y el trabajo de ambos como equipo.

Cuando llegué a los Estados Unidos, noté claramente lo indisciplinada que puede ser la sociedad estadounidense con respecto a los perros. Los perros estadounidenses comen lo que quieren, duermen donde quieren y se sientan donde lo desean. Además, tienen varias camas, muchos juguetes y abundantes golosinas. En México, los perros no tienen camas, y si quieren divertirse o jugar a "lanzar y agarrar" lo hacen con un palo. No hay nada de malo en darles juguetes o camas a los perros. El problema surge cuando se comienza a tratar a los perros como pequeños seres humanos. Generalmente, ese es el primer paso para la pérdida del control de las fronteras con un perro. Cuando vemos perros que ignoran continuamente las órdenes de sus dueños, esto se debe usualmente a que no tienen disciplina.

Pero eso se puede revertir si los dueños crean un ambiente adecuado con reglas y límites.

No hace mucho pasé por una situación similar cuando me di cuenta de que las cosas se estaban saliendo de control en mi vida familiar. Recibí una llamada de mi psiquiatra para decirme que a mi hijo Calvin le estaban suministrando medicamentos para la ADHD, lo que me dejó desconsolado. El síndrome de déficit de atención/trastorno de hiperactividad (ADHD, por sus siglas en inglés), es un trastorno común de la conducta infantil, cuyo diagnóstico puede ser difícil, e incluso más arduo de comprender.

El divorcio no sólo me afectó a mí, también hizo mella en mis hijos. Dividió nuestra familia e introdujo mucha incertidumbre en la vida de Calvin. Cuando pienso ahora en aquel momento, lo veo todo bien claro: la dieta de Calvin se había deteriorado, sus comidas consistían en cereales azucarados y barritas de caramelo, y se veía malhumorado, cansado y carente de motivación. Además, su rendimiento escolar no era bueno y comenzaba a mostrarse más irrespetuoso con los adultos.

Después de aquella llamada, me di cuenta de que Calvin —más que nada— necesitaba disciplina y comenzar a ser entendido. El divorcio dislocó todas las rutinas de la casa, privando a la familia del Líder de la Manada, por lo que había un vacío de liderazgo. Me tocaba a mí como padre volver a establecer Reglas, Fronteras y Limitaciones con él, y practicar la fórmula "Ejercicio, Disciplina y Afecto". Podía usar esa estructura para crear un entorno más estable para mi hijo, y esperaba ayudarlo a que recuperara ese equilibrio nuevamente.

Recientemente, un psicólogo Zen destacó que la definición de disciplina es "recordar exactamente lo que uno desea", una descripción exacta de cómo resolvimos esa situación con Calvin. Recordé el tipo de hijo que deseaba que fuera Calvin y la clase de padre que podía ser, y asumí ese papel.

Me encargué de crear un firme equipo de apoyo en torno a Calvin: una nueva escuela que estuviese atenta a sus necesidades; nuevos amigos que estuvieran concentrados en deportes o pasatiempos; y Jahira y yo, igualmente enfocados en ser adultos pacientes y dedicados. Todos trabajamos unidos para que Calvin dejara de tomar medicamentos y regresara a una vida sana.

La disciplina consiste en tener la mente en el sitio correcto. Esto sólo se puede lograr conociendo las Reglas, Fronteras y Limitaciones. A continuación, un breve ejercicio que Calvin y yo solíamos usar para hacer que nuestras mentes regresaran al sitio correcto:

1. Piense en un momento en que se creía invencible. ¿Había algo que quería sin vacilación? ¿Una relación amorosa? ¿Un empleo? ¿El reconocimiento de su familia? Regrese a su infancia si es necesario, porque es una etapa en la que el instinto no se ve obstruido por las fuerzas humanas y el tiempo.

2. Escriba durante diez minutos sobre ese momento invencible de su vida. ¿Qué era aquello en lo que pensaba y sentía, aquello por lo que incluso esperaba o rezaba? ¿Cómo se sentía entonces? Describa su energía, sus emociones. ¿Qué obstáculos venció para obtener lo deseado a toda prisa?

(3) Luego escriba cuán diferente sería su vida actual si obrara de la misma manera que lo hizo para lograr lo que quería en aquel tiempo, sabiendo que no podría fracasar. ¿Cómo afectaría eso su relación consigo mismo, con su trabajo, con los que le rodean, y con su perro?

¿Qué tres cosas podría hacer para desencadenar ese estado mental cada vez que lo deseara? ¿Cuáles son las tres cosas que le gustaría lograr de forma invencible? ¿Cuáles son las tres medidas que tomaría ahora mismo para lograr esos propósitos?

Estos pequeños ejercicios volverán a centrar su mente y canalizarán su energía.

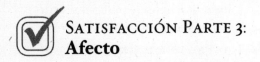

## Satisfacción Parte 3:
# Afecto

El amor es uno de los regalos más grandiosos que podemos compartir. Es una de las muchas razones por las que quiero tanto a los perros. Los perros son animales afectuosos y aman incondicionalmente. Sin embargo, el afecto que se le otorga a un perro en el momento inadecuado puede ser perjudicial para él. No se le puede quitar a un perro el hábito de morder zapatos dándole afecto, lo mismo que no se puede apañar a un alcohólico para que deje de beber, o consentir a un niño para que limpie su dormitorio. Los animales y las personas necesitan Reglas, Fronteras y Limitaciones por igual, incluso en lo que a amor respecta.

*El amor incondicional es sólo uno de los numerosos regalos que pueden darnos los perros.*

Los perros no aceptan sobornos por buena conducta, y en el caso de las personas, los sobornos no tienen casi nunca resultados duraderos.

El afecto se manifiesta de muchas maneras, y no siempre se demuestra con comida. Un perro que es mascota familiar puede recibir afecto en forma de golosinas, peinado o caricias. Pero el afecto también puede manifestarse en forma de reconocimiento, de un juguete favorito, o una cita para jugar con otro perro compatible.

Algo que debe tener presente siempre es no darle afecto al perro mientras no adopte un estado tranquilo y sumiso. Nunca consuele a un perro ansioso, excitado o temeroso, pues esto contribuiría a confundirlo. Como los perros viven el momento, su afecto no cambiará su estado. Tal proceder sólo le dirá a su perro: «No hay nada malo en que te sientas así». El afecto en el momento inadecuado reafirmará la conducta no deseada, porque el perro aprenderá a usarla para ganarse su afecto.

En el caso de las personas, el afecto es un poco más complejo. Como ya analizamos en el Capítulo 2 los seres humanos son intelectuales y emocionales (los perros son instintivos), por lo que el afecto se materializa en más formas y significados en las personas. En los seres humanos, el afecto se puede dar muchas veces y bajo diferentes estados emotivos. Mostramos afecto para reconfortar a otros (abrazos), para celebrar (chocar las manos) y para amar (besos). Tenemos tantas dimensiones y aspectos porque los seres humanos son criaturas emocionales. Pero considerar al afecto como un premio también puede ayudarnos a nosotros y a nuestros seres queridos a mantener rutinas de ejercicio y disciplina. Cuando somos personas equilibradas, es más fácil dar y recibir afecto. Esta última parte de la fórmula de satisfacción puede ser un poderoso factor de motivación.

Ahora que ya entiende la fórmula de satisfacción, en el próximo capítulo le contaré historias reales de personas que la usaron en sus propias vidas para resolver problemas o ayudar a otros. Sus historias me inspiran, y espero que a usted también.

# CAPÍTULO NUEVE

# Enriquezca la vida de su perro y enriquezca su vida

**M**i fórmula de satisfacción es la mejor manera que conozco de canalizar el poder del liderazgo de la manada. Al participar en el programa de "Ejercicio, Disciplina y Afecto", estará mejor equipado para afrontar cualquier cosa que le ocurra en su vida. La fórmula agudiza sus instintos y es clave para tener una energía tranquila y asertiva y sentirse más satisfecho con todo lo que haga.

Esta fórmula, que se basa en los principios básicos y técnicas que he creado trabajando con perros y con sus compañeros humanos, puede hacernos mejorar nuestras vidas. Literalmente, ayudó a salvar mi vida. Me ayudó a reparar mis relaciones familiares y a restaurar mi negocio y mi propio sentido como individuo.

*El salvavidas Angus Alexander y su perro patrullando la playa.*

## 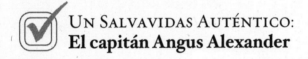 UN SALVAVIDAS AUTÉNTICO: El capitán Angus Alexander

En mis años de trabajo he conocido muchas personas que han aplicado la fórmula de satisfacción a sus vidas con gran éxito.

El director del programa de salvavidas del condado de Los Ángeles incorporó elementos de la fórmula en su instrucción a salvavidas novatos.

«Mucho de lo que hacemos aquí se lo debemos a César», afirma el capitán Angus Alexander, quien dirige su programa desde el puesto de mando de salvavidas del departamento de Bomberos del condado de Los Ángeles en la playa cercana al Santa Monica Pier. Hace años, este lugar fue sede de Muscle Beach, el original centro de acondicionamiento físico al aire libre. En la actualidad, es una mezcla de turistas y residentes en busca de diversión bajo el sol californiano.

El capitán Alexander, como oficial de guardia a cargo de la zona costera del condado —72 millas— con sus cincuenta años y su apariencia rubicunda y robusta de adolescente, coordina las misiones de búsqueda y rescate oceánico, al tiempo que garantiza que el servicio de guardacostas de los Estados Unidos, el departamento del alguacil del condado de Los Ángeles y sus 600 salvavidas trabajen armónicamente para mantener la seguridad de decenas de miles de personas que confluyen en las playas. ¿Su secreto? «"Ejercicio, Disciplina y Afecto... en ese orden." Y también hago cumplir las Reglas, Fronteras y Limitaciones», asegura.

El capitán Alexander es un veterano admirador de mi programa de televisión. Después de adiestrar a Jack, su Labrador negro, para salvar nadadores usando mis técnicas (Jack aparece en el video *Dog rescues man from the ocean* en You-Tube), decidió aplicarle los principios a su equipo. A la calistenia en las primeras horas de la mañana (ejercicio) le siguen las tareas obligatorias de barrer, limpiar, encerar y dar mantenimiento (disciplina), una rutina que se recompensa con beneficios regulares merecidos (afecto: en este caso, comida). «Mi esposa es chef gourmet. Mis salvavidas saben que si se mantienen en forma y hacen su trabajo, los recompensaré con la mejor cena de pasta que se puedan imaginar», explica el capitán Alexander.

Los resultados son notables. Sus salvavidas realizan unos 10,000 rescates al año. Los casos de ahogados han disminuido en un 50 por ciento desde hace diez años (en el 2011 sólo se reportó uno), y el equipo del capitán Alexander, nos dice, nunca ha tenido una mayor cohesión y enfoque que ahora.

*Jillian Michaels y yo hablando sobre sus perros.*

## 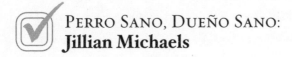 PERRO SANO, DUEÑO SANO: Jillian Michaels

Cuando les enseño a los seres humanos la fórmula de la satisfacción, el propósito es tener un perro sano y bien ajustado. También resulta que si los dueños asumen su papel de Líder de la Manada, esto les beneficia tanto a ellos como a sus perros. Todo comienza con el primer paso de mi fórmula de satisfacción: el ejercicio.

Jillian Michaels tiene grandes conocimientos sobre el ejercicio. Y ahora, después de trabajar conmigo, también domina la fórmula de la satisfacción. Jillian es experta categórica de salud y bienestar, conocida por su trabajo como entrenadora, asesora de vida, escritora y estrella del popular programa *The Biggest Loser.* Además, le encantan los perros, un amor que comenzó cuando era una joven obesa.

«Estaba muy sola, y todo lo que tenía eran mis perros. Eran como mis hermanos. En mis horas de mayor oscuridad y soledad, siempre han estado conmigo», afirma.

En la actualidad, Jillian tiene bajo férreo control su propia batalla con el aumento de peso e inspira a numerosas personas a mejorar sus vidas. Además, es dueña de tres perros de rescate: Seven, una perra cruzada con galgo italiano; Harley, un cruce de terrier; y Richard, un chihuahua. Aunque Jillian es experta en ejercicios, supo que debía recurrir a otro experto cuando necesitó ayuda con Seven. Y recurrió a mí. El problema que confrontaba Seven era que le gruñía al caballo de Jillian y correteaba bajo sus patas. Algo que preocupaba mucho a Jillian, quien temía que la perra se lesionara ella misma, o al caballo.

Trabajé con Seven, pero también estuve algún tiempo con Jillian, en un contacto de adiestrador a adiestradora. Al enseñarle a Jillian a usar la fórmula de la satisfacción, ésta pudo corregir totalmente la mala conducta de Seven. En las propias palabras de Jillian: «Sé que podría parecer magia, pero no lo es. Pude implementar esa nueva actitud en diferentes partes de su día. Ella [Seven] ha dado un cambio de personalidad gigantesco».

El segundo paso de mi fórmula de satisfacción es la disciplina, que también es una parte muy importante del trabajo de Jillian con personas que padecen trastornos de alimentación y problemas de peso. Jillian les aconseja sobre la importancia de una rutina diaria, y, una vez más, la fórmula de la satisfacción para los perros vuelve a entrar en juego: «En esos días cuando no se tienen ganas de levantarse del sofá, el perro empuja, hala y gime hasta que se le proporciona su ejercicio diario. En vez de considerar molesta esta conducta, hay que apreciarla como motivación», dice Jillian.

Después de trabajar conmigo, Jillian pudo usar lo aprendido sobre la fórmula de la satisfacción, y aplicar una nueva forma de pensar a su trabajo con los clientes. «Dedico mucho tiempo a descubrir por qué las personas se comportan así, y ahora, cuando enfrento dificultades, a veces voy en pos del cambio y trabajo simultáneamente con los problemas más profundos. Hay que cambiar la conducta, y luego explorar lo que hay oculto en la misma», explica.

A veces Jillian no recurre al afecto, y en ocasiones llega a escoger una ruta más dura y directa. Si bien cree que la mejor forma de ayudar a las personas es a menudo con una honestidad brutal, puede proporcionar un apoyo afectuoso en el momento preciso. «Creo que el perro es la forma más pura de energía que podemos aprovechar, ese amor incondicional. No importa que la persona crea que es fea o que nadie la quiere, o que haya perdido su empleo. El perro siempre la querrá», explica.

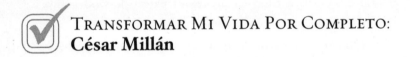

## TRANSFORMAR MI VIDA POR COMPLETO: César Millán

En los casos del capitán Alexander y de Jillian, la fórmula de la satisfacción perfeccionó sus vidas. Pero en el mío, la salvó. Así de simple.

He conocido personas increíbles que cuentan sus historias de cómo han aplicado algunos de mis principios básicos para mejorar sus propias vidas, pero ninguna me ha emocionado más que alguien a quien conocí mientras autografiaba libros en noviembre de 2011. Su nombre es Mike. Y nunca lo olvidaré.

Mi agente y yo estábamos en Toronto, Canadá, para una gira de presentaciones en tiendas. Yo firmaba libros, estrechaba manos y tomaba fotos. Estaba al final de un largo día cuando un joven de unos 30 años trató de acercarse a mí. Era delgado y pálido. Mi agente trató de interponerse entre nosotros, pero el joven era persistente y logró llegar a escasas pulgadas de mi persona.

«César, mi nombre es Mike y tengo SIDA. Vine aquí hoy para decirle que usted me salvó la vida», me dijo. Me quedé congelado un segundo, pero luego le di el abrazo más intenso que le he dado a nadie en mi vida.

Mike me explicó que había renunciado a toda esperanza después de ser hospitalizado a causa del SIDA. En el hospital, descubrió el programa *El encantador de perros*. Como en Canadá transmiten múltiples episodios al día, enseguida se volvió un fanático del programa y se lo tomó en serio.

En breve, comenzó a aplicar en su vida los elementos básicos del liderazgo de la manada, incluyendo la fórmula "Ejercicio, Disciplina y Afecto". Poco a poco, volvió a encontrar su propósito, y aceptó su enfermedad. Con la determinación de un pit bull, decidió que iba a seguir adelante y a vivir de nuevo.

Mike estaba estancado y no podía progresar. Una situación que cambió cuando incorporó el método Ejercicio, Disciplina y Afecto" a su rutina diaria. Esa combinación le permitió hacer acopio de la voluntad de vivir y derrotar a su enfermedad. De aquellas cosas que creía haber logrado, nunca pensé que ayudaría a salvar la vida de alguien.

La historia de Mike fue un regalo que me ayudó a caer en cuenta de las numerosas bendiciones que he recibido.

Durante el regreso en taxi al aeropuerto de Toronto, reflexioné sobre la historia de Mike —la ruta que había tomado, y el hecho de que yo pude influir en él— y me emocioné tanto que comencé a llorar. Luego me di cuenta de cuánto había cambiado mi vida el año anterior, a partir de que Ilusión, mi exesposa, me comunicó que quería el divorcio. Desde ese momento, mi camino fue angustioso, pleno de un enorme dolor e incertidumbre. Durante aquel viaje en taxi, pude apreciar lo afortunado que había sido al poder ayudar a alguien como Mike. Me impactó haber salido de aquella etapa oscura más fuerte, más inteligente, más agradecido por la buena fortuna de la vida, y más resuelto que nunca a ser un firme Líder de la Manada.

Cuando recibí la noticia del divorcio en marzo de 2010, ya había dolor en mi vida. Mi amado pit bull Daddy acababa de morir hacía un mes. La muerte de Daddy me conmovió profundamente, pero sabía que mi aflicción iba a pasar. En marzo, estaba en Irlanda como parte de una vertiginosa gira por Europa en la cual me presenté ante audiencias de más de 7,000 personas. En la mañana de la presentación en Dublín, recibí una llamada telefónica transatlántica de mi esposa en Los Ángeles, en la que me dijo que quería divorciarse. Yo asumía que todo marchaba a las mil maravillas. Pero sabía y comprendía muy poco de aquello que se me venía encima. Mi vida iba a cambiar para siempre, y yo —César Millán, el Líder de la Manada para millones de dueños de perros en todo el mundo— no iba a poder controlar aquello, ni cambiar su dirección. Fue aterrador.

Durante años, Ilusión y yo luchamos por equilibrar nuestras diferencias innatas con las exigencias de un matrimonio, un programa de televisión y dos hijos. No fue fácil. Rompimos nuestra relación y volvimos a reconciliarnos varias veces. Al cabo de 20 años juntos, y con tanta vida por delante, llegó abruptamente el fin. No estaba listo para aquello.

A causa del divorcio, me vi obligado por primera vez a ver las cosas tal y como eran realmente. Al analizar las decisiones de negocios que tomé durante años, me di cuenta de lo malas que habían sido muchas de ellas. Cedí mis derechos y mi nombre. Acepté contratos que nunca debí haber firmado. Mis socios me decían una cosa, pero en los contratos leí cosas diferentes. Me di cuenta de que ni siquiera era propietario del nombre "Encantador de perros".

A fin de cuentas, todo lo que poseía era mi ropa, mi coche, y el Dog Psychology Center. Todo lo demás —incluyendo el programa de televisión y la casa donde había vivido y formado una familia— le pertenecía a otras personas. Cuando mi agente de negocios revisó mi estatus financiero, me informó que estaba en quiebra. En realidad, mis activos estaban en saldo negativo después de siete años de estar en un programa de televisión, y ni siquiera sabía por qué.

Al principio me enojé, y me refugié en el Dog Psychology Center, donde me aislé totalmente del mundo. No quería contacto con los seres humanos. Lleno de energía negativa, permanecía horas y horas con mi manada. Finalmente, el estrés y la tristeza hicieron mella en mis perros. La población de la manada se redujo de 20 perros antes de que muriera Daddy, a sólo unos cuantos. Instintivamente, la manada sabía que su líder estaba pasando por un período de inestabilidad, y buscaron y encontraron otros hogares. Para mí, el hecho de no poder ayudarme a mí mismo ni a mi propia manada fue devastador.

He visto perros reaccionar de esa manera ante el estrés. Cuando un perro pierde el equilibrio, pasa rápidamente a un estado negativo o de pánico. No quiere estar con otros perros ni con los seres humanos. El aislamiento es una reacción tangible a un entorno inestable, y es la esencia de todos los problemas de conducta canina: morder, mordisquear, excavar, ladrar excesivamente, territorialidad y agresividad. En los perros, estas cuestiones son bastante fáciles de solucionar. Pero en mí, resultaba 10,000 veces peor.

Una rabia animal se apoderó de mí: quise destruir cosas; quise destruir mi negocio; atentar contra mí mismo y contra quienes me rodeaban. Nunca antes me había sentido tan devastado emocionalmente. No podía perdonarme por lo que estaba ocurriendo. Me abrumaba una sensación de fracaso, y perdí toda la confianza en mí mismo.

Muy pocos sabían lo que estaba ocurriendo realmente dentro de mí, sólo lo sabían Erick, mi hermano, y mi agente. Se lo oculté a mis hijos, a mis socios, e incluso a mis padres. Al igual que Mike en Toronto, me preguntaba si tenía alguna razón para vivir.

Toqué fondo en mayo de 2010 cuando dejé de comer. Me impactó ver que había bajado de 175 a 135 libras en sólo 40 días. Dejé de trabajar y apenas dormía más de cuatro horas. En ese tiempo, como Ilusión y yo estábamos separados pero no divorciados legalmente, fui a la casa para tratar de reconciliarnos. Pero la conversación no se desenvolvió bien, y al final de la misma supe que nuestro matrimonio estaba terminado.

También pensé que mi vida había terminado, por lo que hice algo estúpido: tratar de finalizarla tomando unas píldoras. No sé qué tomé, ni qué cantidad. Sólo recuerdo cuánto deseaba estar en otro sitio, en cualquier lugar menos donde estaba entonces. Lo otro que recuerdo es cómo me llevaban al hospital en una ambulancia. Le pedí al chofer de la ambulancia que me llevara a la granja de mi abuelo en México. Quería alejarme de todo.

*Ver a tantas personas en el National Pack Walk de 2012 me recuerda el gran privilegio que es ser Líder de la Manada.*

Al día siguiente, me ingresaron bajo observación en un hospital psiquiátrico. A los tres días me dieron de alta, y, al igual que Mike, me propuse recuperar mi equilibrio interno y encontrarle un nuevo propósito a mi vida. Pero sólo lo encontraría después de adoptar nuevamente mis propios principios básicos y la fórmula de la satisfacción.

Como no podía luchar contra el curso que había tomado mi vida, tuve que aceptarlo. Una vez aceptado, todo se hizo más brillante. La energía volvió a mí.

Comencé a comer y a dormir de nuevo. Poco a poco, comencé a avanzar, gracias en parte a la súper manada de personas que me rodean, y a los perros que quedaron en el Dog Psychology Center. Volví a incorporar el ejercicio regular a mi vida. Y me creé un conjunto de Reglas, Fronteras y Limitaciones a seguir. Finalmente, pude ofrecerles afecto a mis amigos, familiares y perros, quienes me dieron la motivación y la inspiración para recuperarme.

A menudo la gente se pregunta cómo puedo lograr resultados tan rápidos con los perros que rehabilito. Como he dicho antes, la respuesta es simple: los perros viven el momento. No se atormentan con los errores cometidos en el pasado, ni con el temor al futuro. Cuando dejé de mirar atrás y sentir miedo al futuro, comencé a recuperar el aprecio por lo que estaba ocurriendo aquí y ahora.

Ahora he vuelto a reconstruir mi manada: tengo actualmente 22 perros; acabo de realizar mi nuevo programa de televisión, *César Millán, El líder de la manada*; mi hijo Calvin vive conmigo, y está iniciando su propia carrera en televisión; y tengo una hermosa novia llamada Jahira, quien me quiere y quiere a la manada como si fuera suya.

He transformado mi vida por completo gracias a las experiencias compartidas con los perros durante los últimos 22 años de mi vida. Sin las lecciones que he aprendido al trabajar con ellos no hubiera podido ser capaz de recomenzar. Me he dado cuenta de que ser Líder de la Manada no se limita a un momento en el tiempo. El líder debe seguir evolucionando, aprendiendo y enfrentando los retos sin temor. Un líder no siente temor ni vergüenza de recurrir a su manada, y de permitirles a los demás miembros que lo ayuden a mantener el equilibrio. E independientemente de lo difícil que sea el obstáculo, no permite que su vida se estanque en un callejón sin salida.

Estos desafíos me permitieron encontrar fuerza en mí mismo y salir airoso de mis etapas más sombrías. Y cada vez que me siento agotado, o me pregunto si voy por el camino correcto, me remonto a aquel día de 2011 en Toronto. Vuelvo a pensar en Mike y en la fórmula de la satisfacción que pudo haberle ayudado modestamente a salvar su vida. Mike también contribuyó a darme fuerza en mis momentos más tristes, y me recordó las cosas increíbles que las personas —y sus perros— pueden lograr si usan la fórmula correcta. Mike... Dios te bendiga, dondequiera que estés.

# Fuentes de Información Adicionales

## Adiestramiento y Conducta Canina
**Cesar's Way** *www.cesarsway.com*
Página Web de César Millán

**International Association of Canine Professionals
(Asociación Internacional de Profesionales Caninos)**
*canineprofessionals.com*
Base de datos para buscar un adiestrador canino profesional
en su localidad

## Investigación de Razas
**American Kennel Club** *www.akc.org*
Sitio integral para conocer razas y criadores de perros

## Para Buscar Mascotas
**Best Friends Animal Society** *www.bestfriends.org*
Santuario de animales y red nacional de refugios y grupos
de rescates

**North Shore Animal League** *www.animalleague.org*
La principal agencia de rescate y adopción para evitar
el sacrificio de animales en el mundo

**Petfinder** *www.petfinder.com*
Relación de cientos de miles de animales que se pueden
adoptar en los Estados Unidos

## La Salud de Su Perro
**American Veterinary Medical Association (Asociación
Americana de Medicina Veterinaria)** *www.avma.org*
Información sobre conducta, salud canina, y retirada de
productos del mercado

**MyVeterinarian.com** *www.myveterinarian.com*
Base de datos nacional para buscar veterinarios

**Spay USA** *spayusa.org*
Red nacional de fuentes de información sobre castración y
extirpación de ovarios

## FUENTES DE BIENESTAR ANIMAL

**American Society for the Prevention of Cruelty to
Animals (Sociedad Americana de Prevención de la
Crueldad contra los Animales)** *www.aspca.org*

**The Humane Society of the United States (Sociedad de los
Estados Unidos de Protección de Animales)** *humanesociety.org*

**Last Chance for Animals** *www.lcanimal.org*

## VIAJAR CON SU PERRO

**PetFriendlyTravel.com** *www.petfriendlytravel.com*
Información de viajes a destinos que aceptan mascotas

**Dog Vacay** *dogvacay.com*
Búsqueda de profesionales de atención a domicilio y
profesionales caninos en su localidad

## ACTIVIDADES PARA SU PERRO

**K9 Nose Work** *www.k9nosework.com*
Introducción al deporte canino de rastreo y seguimiento
de olores

**North American Flyball Association (Asociación
Norteamericana de Flyball)** *www.flyball.org*
Información sobre adiestramiento y torneos de flyball

**United States Dog Agility Association (Asociación de
Agilidad Canina de los Estados Unidos)** *www.usdaa.com*
Información sobre competencias y cursos de agilidad canina

# Créditos de las ilustraciones

FOTOGRAFÍAS: 1, Gelpi/Shutterstock; 2-3, Michael Reuter; 11, Doug Shultz; 13, National Geographic Channels; 20, HelleM/Shutterstock; 23, Ji Sook Lee; 30, Todd Henderson / MPH-Emery/Sumner Joint Venture; 31, Viorel Sima/Shutterstock; 36, cynoclub/Shutterstock; 39, Viorel Sima/Shutterstock; 45, Michael Reuter; 50, Sainthorant Daniel/Shutterstock; 54, Robert Clark/National Geographic Stock, Wolf and Maltese dog provided by Doug Seus's Wasatch Rocky Mountain Wildlife, Utah; 71, Burry van den Brink/Shutterstock; 77, Bob Aniello; 80, National Geographic Channels; 81, Anke van Wyk/Shutterstock; 84, Warren Goldswain/Shutterstock; 86, Stockbyte/Getty Images; 95, WilleeCole/Shutterstock; 97, George Gomez; 100, PK-Photos/iStockphoto; 101, cynoclub/Shutterstock; 103, Goldution/Shutterstock; 111, dageldog/iStockphoto; 116, Damien Richard/Shutterstock; 126, dageldog/iStockphoto; 132, Michael Pettigrew/Shutterstock; 137, Erik Lam/Shutterstock; 145, SuperflyImages/iStockphoto; 148, Larisa Lofitskaya/Shutterstock; 152, Eric Isselée/Shutterstock; 159, Cheri Lucas; 163, Erik Lam/Shutterstock; 167, Cheri Lucas; 171, Susan Schmitz/Shutterstock; 179, Cheri Lucas; 185, Josh Heeren; 189, Rob Waymouth; 195, Willee Cole/Shutterstock; 199, Michael Reuter; 200, Lobke Peers/Shutterstock; 203, Frank Bruynbroek; 209, Frank Bruynbroek; 216, Angus Alexander; 218, MPH-Emery/Sumner Joint Venture; 225, George Gomez.

GRÁFICAS: Fernando Jose Vasconcelos Soares/Shutterstock; vanya/Shutterstock; veselin gajin/Shutterstock; ntnt/Shutterstock; ylq/Shutterstock; Boguslaw Mazur/Shutterstock; ananas/Shutterstock; Leremy/Shutterstock; k_sasiwimol/Shutterstock; Alexander A. Sobolev/Shutterstock; DeCe/Shutterstock; nemlaza/Shutterstock; Thumbelina/Shutterstock.